Ralf Georg Reuth
ERWIN ROMMEL

W0057463

SERIE PIPER
Band 5222

Zu diesem Buch

Erwin Rommel ist fraglos der bekannteste deutsche Soldat des
Zweiten Weltkrieges: Als genialer »Wüstenfuchs«, dessen militärisches Geschick sogar von seinen Gegnern bewundert wurde,
und als pflichtbewußter Soldat, der seinen Widerstand gegen
Hitler mit dem Leben bezahlte – so ging er in die Geschichte
ein. Ralf Georg Reuth porträtiert einen anderen Rommel, der
seinen Ruhm nicht zuletzt der NS-Propaganda verdankte (und
auch der Rechtfertigung seiner geschlagenen Gegner) und weniger seinem strategischen Genie. Auch seine Rolle im Widerstand wird weitgehend verklärt gesehen. Rommel blieb, so
Reuth, bis fast zuletzt, was er immer gewesen war: des Führers
General. In seinem Schicksal spiegelt sich damit die deutsche
Tragödie jener Zeit: »dem ›Führer‹ in den Untergang gefolgt zu
sein und dabei geglaubt zu haben, die vaterländische Pflicht zu
erfüllen« (Reuth).

Ralf Georg Reuth, geboren 1952 in Kronach, studierte Geschichte
und Germanistik und promovierte 1983 mit einer Arbeit über
»Die südliche Peripherie Europas in der deutschen Strategie des
Zweiten Weltkrieges 1940–1942«. Reuth arbeitet als Korrespon-
dent der »Frankfurter Allgemeinen Zeitung« in Berlin.

Ralf Georg Reuth

ERWIN ROMMEL
Des Führers General

Mit 12 Abbildungen

Piper
München Zürich

SERIE PIPER
PORTRÄT
Herausgegeben von
Martin Gregor-Dellin und Reinhard Merkel

ISBN 3-492-15222-8
Originalausgabe
September 1987
© R. Piper GmbH & Co. KG, München 1987
Umschlag: Federico Luci
Foto: Bilderdienst Süddeutscher Verlag, München
Gesamtherstellung: Clausen & Bosse, Leck
Printed in Germany

Für Sabine

Inhalt

Hitlers General

Es war im Spätsommer des Jahres 1934, als Rommel erstmals Hitler begegnete. Der »Führer«, der im Vorjahr in Deutschland die Macht übernommen hatte, war anläßlich des Reichsbauerntages nach Goslar gekommen, wo Rommel als Kommandeur eines Jägerbataillons diente. Auf dem Platz vor der alten Kaiserpfalz schritten sie nebeneinander die von Rommels Bataillon gestellte Ehrenformation ab. Wohl keiner der beiden Männer ahnte an jenem Septembertag, wie nahe das Schicksal sie noch zusammenführen würde: Der eine sollte Deutschland in den Abgrund führen, der andere als sein General ihm folgen.

Die Weltkriegsteilnehmer

Der Major und der Reichskanzler – Fotos von jenem ersten zufälligen Zusammentreffen vergilben im Archiv der Stadt Goslar – waren beide Weltkriegsteilnehmer. In der nationalen Euphorie der Augusttage 1914 war der junge Leutnant Rommel, dessen Infanterieregiment mit »klingendem Spiel und strammem Tritt« die schwäbische Garnisonsstadt Weingarten verlassen hatte, in den Ersten Weltkrieg gezogen. Er befürchtete sogar, wie er später schrieb, zum ersten Gefecht zu spät zu kommen. Dies war jedoch unbegründet, wie sich bald herausstellen sollte. An der Seite seiner Weingartener »Musketiere«, die er als Offiziersanwärter ausgebildet hatte, sollte er in den Jahren 1914/15 in Belgien und Frankreich kämpfen.

Hitler war nach Kriegsausbruch trotz seiner österreichischen

Staatsangehörigkeit als Freiwilliger in ein bayerisches Regiment aufgenommen worden. In der zweiten Oktoberhälfte, nach nur knapp zehnwöchiger Ausbildungszeit, wurde dieses an die Westfront verlegt. Am Ende des selben Monats stand Hitler, der ebenfalls nicht schnell genug an die Front kommen konnte, in den »Stahlgewittern« der ersten Ypernschlacht. In verklärenden Worten schrieb er später darüber in *Mein Kampf* von »eisernen Grüßen«, die während des Sturmangriffs »über unsere Köpfe uns entgegenzischten«, von »zweihundert Kehlen, aus denen dem ersten Boten des Todes das erste Hurra entgegen(dröhnte)«, und von »fiebrigen Augen«, mit denen es jeden »nach vorne« zog, »immer schneller, bis plötzlich über Rübenfelder und Hecken hinweg der Kampf einsetzte, der Kampf Mann gegen Mann«.

Im Jahr 1916 führte der inzwischen zum Oberleutnant beförderte Rommel beim Stellungskrieg in den Hochvogesen eine Kompanie des Württembergischen Gebirgsbataillons. Ende Oktober wurde er mit dem Verband nach Rumänien abkommandiert. Hitler nahm 1917 an der Frühjahrsschlacht bei Arras teil und focht im Herbst am verbissen umkämpften Chemin des Dames. Rommel stand in diesem Jahr in schwierigem Gebirgsgelände an der Isonzofront; zunächst in der Angriffsschlacht bei Tolmein und dann in der Verfolgung der Italiener über Tagliamento und Piave. An der Isonzofront erstürmte er im Spätherbst an der Spitze seiner Abteilung des Gebirgsbataillons die Höhe 1114, den Kolovrat-Rücken sowie den Monte Matajur. Mit einem Stoßtrupp nahm er kurz darauf das operativ wichtige Piave-Dorf Longarone und brachte bei der kühnen Attacke mehr als achttausend italienische Gefangene ein. Von einem Stabe im Reich aus erlebte Rommel 1918 die Schlachten an der Westfront. Dort kämpfte der Gefreite Hitler bei Montdidier-Nayons und schließlich in der letzten deutschen Offensive bei Soissons und Reims, die die kaiserlichen Truppen bis sechzig Kilometer vor Paris führte.

Rommel war außergewöhnlich tapfer. Und dies, obwohl die militärische Laufbahn des im schwäbischen Heidenheim als Sohn eines Oberrealschullehrers geborenen Erwin Eugen Rommel gar nicht so vielversprechend begonnen hatte. Nur widerstrebend, auf Geheiß seines strengen Vaters hin, hatte sich der achtzehn Jahre alte Schüler des Realgymnasiums Schwäbisch Gmünd beim kaiserlichen Heer, bei Artillerie, Pionieren und Infanterie, beworben. Artillerie und Pioniere lehnten ab, die Infanterie nahm ihn. Mitte Juli 1910 trat er in das im oberschwäbischen Kloster Weingarten stationierte 124. Württembergische Infanterieregiment König Wilhelm I. ein. Im März des darauffolgenden Jahres wurde er zur Königlichen Kriegsschule in Danzig abkommandiert, wo er während der folgenden neun Monate einen Offizierslehrgang absolvierte. Der ihn zum Abschluß beurteilende Ausbildungsleiter glaubte, in Erwin Rommel einen »durchschnittlichen« Soldaten vor sich zu haben. »Militärisch brauchbar« hieß es in seinem Abgangszeugnis lapidar. Was jedoch schon den Ausbildern an der Kriegsschule auffiel, waren sein Eifer, seine »strenge Dienstauffassung« und – insbesondere – seine »große Willenskraft«.

Seine in den dreißiger Jahren niedergeschriebenen und schließlich als Buch unter dem Titel *Infanterie greift an* veröffentlichten Gefechtsberichte geben beredtes Zeugnis davon. In noch so aussichtsloser Lage erscheint stets das »Niemals!«, wenn es um Aufgabe oder auch nur um Rückzug geht, wie zum Beispiel bei einer von ihm geführten Attacke gegen die Franzosen in den Argonnen, von der er schrieb:

»Wieder einmal setze ich zum Sturm auf den Feind in den Büschen vor uns an. Ein Häuflein meiner ehemaligen Rekruten prescht mit mir durchs Unterholz. Wieder schießt der Feind wie rasend. Da – endlich! – sehe ich kaum zwanzig Schritt vor mir fünf Franzosen. Sie schießen stehend freihändig. Im Nu liegt mein Gewehr an der Backe. Zwei hintereinanderstehende Franzosen stürzen, als mein Schuß kracht. Ich schieße wieder. Der Schuß versagt. Rasch reiße ich die Kammer auf. Sie ist leer. Zum Laden ist angesichts des nahen Gegners keine Zeit, eine Deckung ist in unmittelbarer Nähe nicht vorhanden. Zurückweichen kommt nicht in Frage. Die einzige Möglichkeit sehe ich im Bajonett. (...) Als ich vorstürme, schießen die Gegner. Von einer Kugel getroffen überschlage ich mich und liege nun ein paar Schritt vor den Füßen der Feinde. Ein Querschläger hat mir den linken

Oberschenkel zerfetzt. Blut spritzt aus einer faustgroßen Wunde. Jede Sekunde erwarte ich einen Schuß oder den Todesstoß. Minutenlang liege ich zwischen den Fronten. Endlich brechen meine Männer erneut mit Hurra durchs Gebüsch, der Feind weicht.«

Eine solche »heroische Lebensauffassung«, wie sie ihm in vielen Beurteilungen attestiert wurde, ließ Rommel zum Kriegshelden werden. Als erster Leutnant im Regiment erhielt er Anfang 1915 für sein Eindringen in die französische Hauptkampflinie beim Werk »Central« das Eiserne Kreuz Erster Klasse, ehe ihm schließlich der Kaiser 1917 für seine Leistungen an der Isonzofront den Pour le mérite verlieh.

Hitler war nicht minder tapfer. Schon am Ende des ersten Kriegsjahres erhielt der »ruhige, etwas unmilitärisch aussehende« Mann, dem der Soldatenrock »der heiligste und teuerste war«, das Eiserne Kreuz Zweiter Klasse. Im August 1918 wurde der Meldegänger zwischen Regimentsstab und den vorgezogenen Kompanien mit dem für Mannschaftsdienstgrade seltenen Eisernen Kreuz Erster Klasse ausgezeichnet.

Wie Rommel schon während seiner militärischen Ausbildung, lernte Hitler im Felde den Nutzen von Kameradschaft und Selbstzucht. Der allgegenwärtige Tod vermittelte ihnen jene Schicksalsgläubigkeit, die den pathetischen Irrationalismus der Generation, der sie angehörten, prägte. Ihr Mut und ihre Kaltschnäuzigkeit, mit denen sie sich in heftigstem Feuer bewegten, hatten ihnen unter den Kameraden eine Art Nimbus eingebracht. Rommel hielten die Kameraden für kugelfest. Sie führten dies auf sein »Fingerspitzengefühl« zurück, auf seinen sechsten Sinn, genau im voraus zu wissen, was der Gegner tun würde. Vom Gefreiten Hitler andererseits pflegten seine Kameraden sogar zu sagen, »ist Hitler dabei, passiert uns nichts«.

Beider todesverachtende Tapferkeit ging mit einem glühenden Patriotismus einher. Einem Appell gleich, schrieb Rommel im Schlußwort seines Buches:

»Im Westen, Osten und Süden ruhen die deutschen Schützen, die den Weg treuester Pflichterfüllung für Volk und Heimat bis zum bitteren Ende gegangen sind. Stets mahnen sie uns Überle-

*Der Oberleutnant und frischgebackene Träger des Ordens Pour le mérite
(rechts) mit einem Kameraden im Januar 1918.*

bende und die kommenden Geschlechter, ihnen nicht nachzuste-
hen, wenn es gilt, Opfer zu bringen für Deutschland.«

Jene Opfer zu bringen, war auch Hitler gewillt, der in *Mein
Kampf* pathetisch-schauerlich von den Klängen eines Liedes
schrieb, das während des Angriffs immer näher kam, von Kompanie zu Kompanie übersprang, und als »der Tod gerade ge-
schäftig hineingriff in unsere Reihen, da erreichte das Lied auch
uns, und wir gaben es nun wieder weiter: ›Deutschland, Deutschland über alles, über alles in der Welt!‹«.

Deutschland rechtfertigte der Frontsoldaten Tapferkeit und
Patriotismus. Beides bedingte einander, denn die Armee kämpfte
»für das Vaterland«, und dieses wiederum räumte der Armee,
der sie angehörten, den ersten Platz im Staate ein. »Ohne das
Heer wären wir alle nicht da«, schrieb Hitler. Das Fronterlebnis,
kurzum der Krieg, gab Hunderttausenden wie ihm und Rommel
ohne Rücksicht auf Klassen und ansonsten unübersteigbare ge-
sellschaftliche Schranken die Möglichkeit, sich durch Tapferkeit
aus der Masse herauszuheben. Nur so konnte das Fronterlebnis
nicht nur für Hitler »die unvergeßlichste und größte Zeit (seines)
irdischen Lebens werden«.

Die Folgerungen

Jäh war für die Soldaten des Weltkrieges der Schock, als das
Ende 1918 schroff verdeutlichte, daß ihr Heldentum vergeblich
gewesen war.

»Es war also alles umsonst gewesen. Umsonst all die Opfer
und Entbehrungen, umsonst der Hunger und Durst von manchmal endlosen Monaten, vergeblich die Stunden, in denen wir,
von Todesangst umkrallt, dennoch unsere Pflicht taten, und vergeblich der Tod von zwei Millionen, die dabei starben«,

schrieb Hitler später. Da die Armeen der Mittelmächte tief im
feindlichen Gebiet standen, konnte niemand, insbesondere von
denen, die für das Reich gekämpft hatten, so recht begreifen, weshalb der Weltkrieg »so plötzlich« verlorengegangen war. Und
was danach kam, war für viele nicht minder unverständlich. Der

Hohenzollern-Kaiser dankte ab. Der Sozialdemokrat Scheidemann rief von einem Fenster des Reichstages die Republik aus, eine Republik, die der Versailler Vertrag verstümmeln sollte, eine Republik, in der aus dem Blickwinkel des Erlebens der Schützengrabengemeinschaft jeder gegen jeden zu kämpfen schien. Die Bürgerkriegswirren der unmittelbaren Nachkriegszeit schienen dann auch Schwäche und Ohnmacht des neuen »Systems« gegenüber seinen Feinden im Innern nachdrücklich unter Beweis zu stellen.

Es waren jedoch nicht so sehr die sozialen und gesellschaftlichen Veränderungen der allzu rasch dahingegangenen Epoche, denen Weltkriegsteilnehmer wie Rommel und Hitler nachtrauerten. Es war vielmehr nach vier Jahren Kampf das schier unbegreifliche Auseinanderfallen einer so »ruhmreichen Armee«, in der sie gedient hatten. Nichts blieb von jener großen vaterländischen Solidarität im Felde übrig. Das als »Schmach für das Vaterland« empfundene »Diktat von Versailles« reduzierte diese Armee auf nur hunderttausend Mann und nahm mehreren hunderttausend ihre soziale Existenz. Rommel, der noch vor Kriegsende zum Hauptmann befördert worden war, gehörte als Frontoffizier zu denjenigen, die Glück hatten. Er durfte im Gegensatz zu den meisten Stabsoffizieren Soldat bleiben. Als Kompaniechef der Reichswehr wurde er in die revolutionären Wirren der ersten Nachkriegszeit hineingezogen. 1920 kämpfte er gegen die »Rote Ruhrarmee«, ehe er von Oktober des selben Jahres an eine Schützenkompanie des 13. Infanterieregiments in Stuttgart übernahm, deren Kommandeur er bis 1929 blieb. In der Abgeschiedenheit des Kasernenhofes zehrte der stille und bescheidene Mann von seinen Erinnerungen an den Weltkrieg, von Kameradschaft, Sieg und persönlicher Karriere. Im Jahre 1927 besuchte er mit seiner Frau Lucie, die er im Kriege geheiratet hatte, noch einmal die Schlachtfelder an Isonzo und Piave, die Orte seiner Heldentaten.

Hitler schied im April 1920 aus den Streitkräften aus und hielt sich mehr schlecht als recht über Wasser. Um so mehr grübelte er über das Geschehene. Da auch er nicht wahrhaben wollte, daß die militärischen und wirtschaftlichen Möglichkeiten des Reiches zum Sieg über eine »Welt von Feinden« nicht ausgereicht hatten, suchte er nach Erklärungen für das ihm unfaßbare Scheitern Deutschlands im Kriege. Er fand sie, wie Unzählige mit ihm, im Verrat der Heimatfront, die der »im Felde unbesiegten« Armee den »Dolch in den Rücken« gestoßen hatte. Des Kaisers Wort, er kenne keine Parteien mehr, er kenne nur noch Deutsche, war an der Wirklichkeit zerbrochen. Hitler erkannte aber auch – und dies unterschied ihn von vielen seiner Zeitgenossen –, daß es letztlich die alte Ordnung des Kaiserreiches war, die sich als überlebt erwiesen hatte. Die aristokratische Führungsschicht, die ebenso überheblich wie ahnungslos auf ihren althergebrachten Positionen beharrte, hatte versagt. »Ich würde für diese Gefallenen ihre Führer verantwortlich machen«, hatte Hitler hie und da gegenüber verblüfften Kameraden im Schützengraben gesagt. Die Erkenntnis vom Versagen der traditionellen Führungsschichten und der inneren Erschöpfung jener Ordnung war für Hitler und – aufs Militärische beschränkt – auch für Rommel, die prägende Lehre des Weltkriegserlebnisses.

Hitler »beschloß nun Politiker zu werden«, wie er in *Mein Kampf* schrieb. Auf der Grundlage seiner Weltkriegserfahrungen und eines im Bürgertum zur Jahrhundertwende weitverbreiteten sozialdarwinistischen Weltbildes, demzufolge das Leben im wesentlichen ein erbarmungsloser Kampf ums Dasein war, grübelte er über die Vision einer vermeintlich zeitgemäßen nationalen Ordnung von einer eng verschweißten Volksgemeinschaft nach, in der es keinen gesellschaftlichen Dünkel mehr geben sollte und in der sich jeder Volksgenosse mit dem Vaterland identifizieren konnte. Eine »moderne«, dem Räderwerk einer Maschine ähnelnde, gleichgeschaltete Gesellschaft aus reinrassischen, dem Daseinskampf gewachsenen nordischen Menschen wollte Hitler schaffen. Diese »moderne Gesellschaft«, in der für Schwache, »Unwerte« und vor allem für Juden kein Platz sein sollte, galt es nach einem festen Programm in die Lage zu versetzen, Deutschland einen der vordersten Plätze unter den Nationen im »ewigwährenden Völkerringen« zu erkämpfen, denn auch in der Außenpolitik gaben die Evolutionsgesetze dem Starken das »Recht«, auf Kosten des schwächeren Nachbarn zu expandieren.

Hierzu bedurfte es eines willfährigen Instruments, einer schlag-kräftigen Armee.

Von jenem Konstrukt des österreichischen Weltkriegsgefreiten hatte Rommel freilich in den zwanziger Jahren wenig erfahren. Doch auch er hatte Lehren aus dem verlorenen Weltkrieg gezogen. Diese beschränkten sich aber, da er seine Welt, die Schlacht-felder und Kasernenhöfe, nie verlassen hatte, ganz auf das Mili-tärische. Eine Haltung, die auch dem Geist der Reichswehr ent-sprach. Nach dem Willen ihrer Führung unter Reichswehrmini-ster Geßler und dem Chef der Heeresleitung, von Seeckt, hatte eine Auseinandersetzung mit den Strömungen der Zeit nicht stattzufinden. Eine politische Betätigung jeder Art war dem Heer strikt untersagt. »Politische Kämpfe innerhalb der Reichswehr vertragen sich weder mit dem Geist der Kameradschaft noch mit der Disziplin und können die militärische Ausbildung nur schä-digen«, hatte von Seeckt im April 1920 in seinem ersten Tagesbe-fehl als Chef der Heeresleitung an das Offizierskorps geschrie-ben.

Die Weltkriegserfahrung, die Hitler dazu bewog, eine neue Ordnung zu entwerfen, ließ Rommel erkennen, daß die Struktur der Streitkräfte nicht mehr den Anforderungen des modernen Krieges entsprach. Da war die dominierende Rolle des Adels, jener Männer, die durch bloße Herkunft und weniger durch Lei-stungen auf dem Schlachtfeld in die Generalstäbe gelangt waren. Im ersten industrialisierten Kriege demotivierten nach Rommels Auffassung ihre Privilegien den gemeinen Soldaten oder den bür-gerlichen Offizier, denen die höchsten Sprossen der militärischen Karriereleiter versperrt blieben. Im modernen Krieg kam es je-doch auf jeden einzelnen an. Erst das reibungslose Zusammen-wirken von Führern und Geführten konnte den Erfolg beschei-den. Um dies zu gewährleisten, bedurfte es einer sozialen Mobili-tät im Heere. Im Ersten Weltkrieg hatte es ein solches Volksheer, wie es sich Rommel vorstellte, nicht gegeben.

Den Aristokraten, denen es gelungen war, ihre Privilegien vom Heer des Kaiserreiches in das der Republik hinüberzuretten, gab Rommel deshalb ein gut Teil Verantwortung für die Niederlage im Weltkrieg. Man habe ein militärisches Dogma bis ins geringste

Detail durchkonstruiert – schrieb Rommel später – und dies »für die Spitze aller militärischen Weisheit« gehalten.

»So wertvoll auf dem Gebiet der soldatischen Ethik die Anknüpfung an Traditionen ist, so sehr ist eine solche in der militärischen Führung abzulehnen, denn es bleibt in unseren Tagen nicht nur den militärischen Führern überlassen, neue Methoden zu ersinnen und damit andere wertlos zu machen, sondern die Möglichkeiten der Kriegführung werden laufend vom technischen Fortschritt verändert.«

Die in den Fragen der Heeresorganisation dem Althergebrachten verpflichtete Denkart der aristokratischen Reichswehrführung blockierte nach Rommels Auffassung eine zeitgemäße Umsetzung der Weltkriegserfahrungen. Der Adel war damit für ihn ein Störfaktor im deutschen Heer. Entsprechend ablehnend stand er ihm gegenüber; eine Haltung, die in dem dreißig Jahre währenden Briefwechsel mit seiner Frau immer wieder zum Ausdruck kam.

Die Annäherung

Als Hitler im Januar 1933 die Macht im Reich übernahm, hoffte Rommel, der seit 1929 Taktiklehrer an der Infanterieschule in Dresden war, daß der »Idealist und Patriot«, für den er Hitler hielt, die Reichswehr strukturell verändern würde. Wer sollte eher dazu bestimmt sein, unkonventionell, daß hieß »modern«, zu handeln und die alten Zöpfe abzuschneiden, als der Gefreite des Weltkrieges, der nun Reichskanzler geworden war. Wenn sich die Soldaten der Reichswehr in einem gewissen Grade zu Hitler hingezogen fühlten, dann hatte dies noch einen anderen Grund. Trotz der im Weltkrieg gemachten Erfahrungen und ihrer Aufgeschlossenheit gegenüber dem Modernen waren sie gleichzeitig auch die »Kinder der Kaiserzeit« geblieben. Sie waren keine Republikaner. Sie sehnten sich nach einem »Ersatz-Monarchen«, nach einem Führer. Dieser Drang nach politischer Autorität war – bei aller Distanz gegenüber der adligen Führung – einer der konstituierenden Faktoren für die spätere Bindung vornehmlich

der nichtadligen Offiziere an Hitler, zumal die »apolitische Loya-
lität« der Reichswehr zur Weimarer Republik dessen Aufstieg
mit ermöglicht hatte.

Rommel stand, wie viele der jüngeren Reichswehroffiziere,
dem »Führer« sehr bald aufgeschlossen gegenüber, schon allein
deshalb, weil dieser immer wieder verkündete, Versailles revidie-
ren und dem Deutschen Reich den ihm gebührenden Platz unter
den Völkern zurückgeben zu wollen. Dieser Weg bedingte eine
Renaissance alles Militärischen und steigerte so die Karriere-
chancen des einzelnen Offiziers, die im Hunderttausend-Mann-
Heer der Weimarer Republik kaum vorhanden gewesen waren.
Erwartungsvoll schauten die Reichswehroffiziere auf den Mann,
der schon kurz nach seiner Machtübernahme in einer über-
schwenglichen Rede vor Generalen und Admiralen verkündet
hatte, der Armee den ihr zustehenden Ehrenplatz im Staate ein-
räumen zu wollen. Emphatisch hatte er dabei von seinem innig-
sten Wunsch gesprochen, daß Heer und Marine mit größeren
Mitteln und ungehinderter als je zuvor an der Entfaltung der
militärischen Stärke des Deutschen Reiches würden arbeiten
können. Erste entsprechende Schritte Hitlers ließen dann auch
tatsächlich nicht lange auf sich warten. Nachdem er im Oktober
1933 den Verhandlungstisch der Abrüstungskonferenz und den
Völkerbund demonstrativ verlassen hatte, wurde die Reichswehr
in den folgenden Jahren tatsächlich auf das Vierfache ihres Be-
standes vergrößert.

Die Zustimmung zu Hitler wäre noch größer gewesen, hätte
sich dieser nicht in einem Umfeld bewegt, das viele Offiziere ab-
lehnten. Auch auf Rommel wirkten die »Parteibonzen« sowie
deren pseudomilitärische Organisationen »nicht sehr vertrauen-
erweckend«. Einmal schrieb er seiner Frau sogar, es sei »ein
Unglück«, daß sich Hitler mit solchen Leuten umgebe. Insbesondere die hemmungs- und disziplinlose SA, in der nicht nur
Rommel eine gefährliche Konkurrenz zur Reichswehr sah,
wurde von ihm konsequent abgelehnt. Seit Röhm 1931 Stabschef
der SA geworden war, hatte er aus der politischen Truppe einen
Verband von etwa anderthalb Millionen Mann gemacht. Er
zielte darauf ab, aus der SA das »wahre Volksheer« des Dritten

Reiches, die »Schule der Nation«, zu machen. Die SA war damit auf dem besten Wege gewesen, der Wehrmacht den Rang abzulaufen. So war dann Rommel keineswegs entsetzt, als er im Juni 1934 erfuhr, daß Röhm und seine Helfer von der SS liquidiert worden waren. Das harte Durchgreifen Hitlers, der die Rivalität zwischen Wehrmacht und SA ausgenutzt hatte, beeindruckte Rommel vielmehr. Er zweifelte nicht an der offiziellen Version, nach der Röhm eine Verschwörung hatte anzetteln wollen und nunmehr seiner gerechten Strafe zugeführt worden war.

Hitlers Kurs und den »frischen Wind« innerhalb der Wehrmacht registrierte Rommel mit Genugtuung. Er erkannte, daß der »Führer« in Fragen der Aufrüstung in ständigem Konflikt mit dem aristokratischen Offizierskorps lag. Auch blieb ihm dessen Haltung vor und während der Rheinlandbesetzung im März 1936 nicht verborgen. Nicht nur der Oberbefehlshaber des Heeres, von Fritsch, und Reichswehrminister von Blomberg hatten zunächst protestiert und dann eindringlich vor der riskanten Aktion gewarnt. Hitler jedoch ignorierte ihre Einwände und wagte den kühnen Schritt. Der Erfolg gab ihm recht. Die Westmächte intervenierten nicht. Die Generalität belehrte er damit eines besseren. Hitlers Parteinahme für Franco im Spanischen Bürgerkrieg vertiefte noch die Kluft zwischen ihm und der zögerlichen Wehrmachtführung. Rommel dagegen begann, den Tatendrang Hitlers immer mehr zu bewundern. Endlich war da eine Autorität, die die »aristokratische Führungsclique« der Wehrmacht in die Schranken wies. Später schrieb er einmal an seine Frau:

»Gestern war ich Zeuge der großen Rede vor den militärischen Befehlshabern und ihren Chefs. Der Führer wurde sehr deutlich. Das scheint aber auch nötig, denn wenn man mit den verschiedenen Kollegen spricht, ist doch selten einer, der mit vollem Herzen und Überzeugung mitmacht.«

Rommel wußte bei alldem nicht, daß Hitler Anfang November 1937 vor der Wehrmachtführung seine Pläne offengelegt hatte: Es sei sein »unabänderlicher Entschluß, spätestens 1943/45 die deutsche Raumfrage zu lösen«, hatte Hitler gesagt. Seine ehrgeizigen Expansionspläne konnten freilich nur dann erfolgverspre-

chend sein, wenn er eine Armee befehligte, die ihm in »unbeding-
ter Treue« ergeben war. Da er sich bei den jüngeren Offizieren
wie Rommel, die innerhalb der Wehrmacht in großer Zahl nach
vorne drängten, in dieser Hinsicht ziemlich sicher war, glaubte er
zunehmend, auf die Erfahrung der obersten Wehrmachtführung
verzichten zu können. Ihre Autorität war ohnehin durch ihre
mangelnde Bereitschaft, Hitlers aggressivem Kurs zu folgen, gerade bei den jüngeren Offizieren untergraben; der Einfluß des
»Reichsführers SS«, Himmler, tat ein übriges.

Anfang Februar 1938 handelte Hitler. Er ließ schmutzige In-
trigen einfädeln, denen von Blomberg und von Fritsch zum Opfer fielen. Zum neuen Oberbefehlshaber des Heeres bestimmte er
von Brauchitsch, der für den Fall seiner Ernennung schon im
voraus versprochen hatte, keine Anstrengung zu scheuen, die Armee dem Staat und dessen Weltanschauung näherzubringen.
Außerdem war er mit weitreichenden personellen und admini-
strativen Änderungen in der Wehrmacht einverstanden. Admi-
nistrativ hieß, daß Hitler von diesem Tage an »die Befehlsgewalt
über die gesamte Wehrmacht (...) unmittelbar ausübte«. Mit
diesem »Coup« sicherte er sich endgültig den uneingeschränkten
Zugriff auf die Wehrmacht. Sie war damit kein eigenständiger
Faktor mehr, sondern ein Instrument in Hitlers Hand. Treugläu-
big folgte von nun an die deutsche Armee ihrem »Führer«. Stolz
notierte Rommel, dessen steiler Aufstieg zum Feldmarschall
jetzt, nach der Entmachtung der traditionellen Wehrmachtführung, erst möglich geworden war, in jenen Jahren aus einer Rede
Hitlers: »Die deutsche Wehrmacht ist das Schwert der neuen
deutschen Weltanschauung« – eine Weltanschauung, deren
Qualität für Rommel lediglich in ihrem Nutzen für das Militärische lag.

Den diensteifrigen Rommel hatte es früh in die Nähe des Mannes gezogen, der die Geschicke des Reiches so erfolgreich zu len-
ken schien. Mit Nachdruck hatte sich der Anfang Oktober 1933
als Kommandeur zum Goslarer Jägerbataillon versetzte Rommel daher in Szene gesetzt, als er Ende September 1934 dort zum
ersten Mal Hitler begegnet war. Nachdem sich bei der Planung
der Parade anläßlich des Reichsbauerntages herausgestellt

hatte, daß vor Rommels Jägerbataillon die SS Aufstellung nehmen sollte, weil sie für die Sicherheit des »Führers« verantwortlich war, hatte Rommel erklärt, daß sein Bataillon unter diesen
Umständen nicht ausrücken werde. Rommel setzte sich durch.
Die SS blieb im Hintergrund. Hitler schritt neben ihm die Ehrenformation ab. Ob er Hitler jedoch bei diesem ersten Aufeinander-
treffen durch sein entschlossenes Handeln auffiel, ist zweifelhaft.

Eine bessere Chance bot sich dem vierundvierzig Jahre alten,
im Jahre 1935 zum Oberstleutnant und Taktiklehrer an der Potsdamer Infanterieschule Beförderten, als er für den Reichsparteitag des Jahres 1936 in Nürnberg zum Führerbegleitkommando
befohlen wurde. Er war verantwortlich für die Sicherheitsvorkehrungen. Abermals trat er entschlossen auf. Nachdem der Wagen des Reichskanzlers und fünf weitere Fahrzeuge passiert hatten, riegelte Rommel auf Hitlers Weisung zum Entsetzen der in
den darauffolgenden Fahrzeugen sitzenden Parteifunktionäre
und Generale, die sich Hitlers kleinem Konvoi anschließen wollten, die Straße ab. Um eventuell doch entwischende Fahrzeuge
noch aufhalten zu können, hatte Rommel an den folgenden
Querstraßen darüberhinaus je zwei Panzer auffahren lassen. Die
kompromißlos-gründliche Ausführung des Befehls brachte dem
ehrgeizigen Oberstleutnant Hitlers Lob. Noch am gleichen
Abend bat er Rommel zu sich, um sich persönlich zu bedanken.

Ein weiteres Mal fiel Rommel – nach eigenem Bekunden – dem
»Führer« auf, als Anfang 1937 im Potsdamer Verlag Voggenreiter
sein Taktikleitfaden *Infanterie greift an* erschien. Hitler, so sagte er,
sei beeindruckt von seinen Gefechtsschilderungen aus dem Weltkrieg gewesen. Offenbar erinnerte ihn die Lektüre des Buches an
jene »glücklichste Zeit seines Lebens«. Über Rommels taktische
Begabung konnte auch Hitlers Luftwaffenadjutant, von Below,
dem »Führer« berichten. Below war Schüler Rommels an der
Dresdener Kriegsschule gewesen und hatte dessen Unterricht
schätzen gelernt. So wies er dann auch den Reichskanzler auf
dessen Frage nach »tüchtigen Frontoffizieren ohne Generalstabs-
vorbildung« wiederholt auf den Schwaben Rommel hin.

In größeren Abständen zunächst, aber bald schon immer häu-
figer, wurde der in diesen Jahren zweimal zu mehrtägigen

September 1934: Hitler und Rommel (3. v. r.) in Goslar.

NS-Schulungskursen für Wehrmachtsangehörige befohlene Rommel von Hitler zu Spezialaufgaben herangezogen. Anfang Oktober 1938 wurde Rommel zum Befehlshaber des Führerbegleitbataillons ernannt. In dieser Eigenschaft erlebte er aus allernächster Nähe mit, wie die Menschen beim Anschluß Österreichs und beim Einmarsch in die sudetendeutschen Gebiete Hitler zujubelten. Die Sympathiebekundungen bestärkten Rommel in seiner Hinwendung zu Hitler. Dieser schenkte ihm zur Erinnerung an jene Zeit im Dezember 1938 sein Bild im Silberrahmen mit eigenhändiger Unterschrift. Rommel sollte es später auf die Liste der »wichtigsten Dinge« setzen, die er vor einer möglichen Bombardierung von seiner Frau in Sicherheit gebracht wissen wollte.

Nachdem Rommels Kommando über das Führerbegleitbataillon geendet hatte, ernannte ihn Hitler aufgrund seiner Erfolge bei der Infanteristenschulung in Potsdam zum Kommandeur der Kriegsschule in Wiener Neustadt. Die modernste Kriegsschule Europas sollte sie werden, und Rommel sollte Hitlers Garant dafür sein. Ein Mann mit seinem Ehrgeiz, seinem Hunger nach Verantwortung und seinen taktischen Kenntnissen und Fähigkeiten, der obendrein noch ein Held des Weltkrieges war, mußte – so Hitler – wie geschaffen für eine solche Aufgabe sein. Rommel fühlte sich geschmeichelt und war dankbar für das ihm entgegengebrachte Vertrauen.

Schon im März 1939 kommandierte ihn Hitler vorübergehend aus Wiener Neustadt ab. Sein Auftrag lautete abermals, das Führerhauptquartier, diesmal beim Einmarsch in die Tschechoslowakei, zu befehligen. Wieder begegnete ein zupackender Rommel einem unerschrockenen »Führer«. Tatendurstig drängte er den ohne Begleitkommando an der tschechischen Grenze eingetroffenen Hitler, unter seinem Schutz direkt auf den Hradschin weiterzufahren. Die umstehenden Generale und der Reichsführer SS, Himmler, waren entsetzt. Rommel aber überzeugte Hitler: »Sie haben keine andere Wahl. Es gibt für Sie, mein Führer, nur den Weg in das Herz des Landes, in die Hauptstadt, auf die Burg von Prag.« Hitler ließ sich überreden und fuhr mit. »Er hat (...) nie vergessen, daß ich ihm diesen Rat gab«, erzählte Rommel später voller Stolz einem Bekannten. In der Wochenschau waren beide dann zu sehen, Hitler und Rommel, als sie den Berg zum Hradschin, der Prager Burg, hinauffuhren. Hitlers persönlicher Mut, der ihn auch während des Polenfeldzuges in die vordersten Linien führte, beeindruckte Rommel tief.

Je enger Rommels Umgang mit Hitler wurde, desto stärker erkannte er, daß er mit diesem Gemeinsames hatte. Ebenso unerschrocken und entschlossen, wie der Oberleutnant des Weltkrieges seine Soldaten im Gefecht geführt hatte, schien Hitler das Geschick des Deutschen Reiches in seine Hände genommen zu haben. Hitler hatte den Deutschen nach Jahren der Demütigung ihr Selbstvertrauen zurückgegeben, indem er nicht nur die Fesseln des Versailler Vertrages sprengte, sondern auch die deutschsprachigen Randgebiete »heim ins Reich« holte. Ein »alter Traum«, ein großer Nationalstaat für alle Deutschen war Wirklichkeit geworden.

Derjenige, der diesen Traum wahr werden ließ, schien aus der Sicht Rommels nichts anderes sein zu wollen als der erste Soldat des Deutschen Reiches. Diese Maxime spiegelte auch das tägliche Leben im Führerhauptquartier wider, das Rommel während seiner Aufenthalte kennenlernte. Geld und Besitz schienen für Hitler keinerlei Bedeutung zu haben. Auch gegenüber Verlockungen anderer Art zeigte sich Hitler ablehnend. Er sagte einmal, er sei nicht zum Genießen auf dieser Welt. Entsprechend karg ging es im Führerhauptquartier zu. Das Mobiliar war einfach, zweckmäßig und auf die wesentlichsten Stücke reduziert: ein Schrank, ein Tisch, ein Stuhl und ein Feldbett. Zu den Mahlzeiten aß der Vegetarier Hitler gewöhnliche Soldatenkost – Eintöpfe, oft Graupensuppe mit Knäckebrot –, die auch die Mannschaften erhielten, und trank Mineralwasser. Unternahm er Fahrten, so genügte es ihm, die notwendigsten persönlichen Utensilien in einem kleinen Handkoffer mitzunehmen. Hitlers dabei scheinbar immer wieder zu Tage tretender Grundsatz, »Gemeinnutz geht vor Eigennutz«, beeindruckte Rommel, denn auch er war in den persönlichen Dingen seines soldatischen Alltags äußerst bescheiden.

Ebenso stimmte Rommels Auffassung von einem modernen

Heer mit Hitlers Aufrüstungskonzeption überein. Hitler drängte auf die Motorisierung der Armee und die rasche Entwicklung einer operativ einsatzfähigen Luft- und Panzerwaffe. Damit befanden sich Rommel und Hitler im Gegensatz zum Generalstab, der den Ausbau von schwerer Artillerie, Pionierwesen, Eisenbahntruppe und Nachrichtendiensten favorisierte. Wie Rommel sah auch der Oberbefehlshaber der Wehrmacht vor allem in der Panzerwaffe das entscheidende Instrument der modernen Landkriegführung.

Die Parallelen in der Denkart zwischen Rommel und Hitler zeigten sich nicht zuletzt auch in einem gemeinsamen Vorbild: Napoleon. Hitler, der gerne dessen Wahlspruch »Activité, activité, vitesse!« zitierte, verweilte später, als die Wehrmacht im Sommer 1940 Frankreich niedergeworfen hatte, lange an dessen Sarkophag im Pariser Panthéon. Die Napoleon-Biographie des Nationalsozialisten Philipp Bouhler, *Kometenpfad eines Genies*, gehörte zu seiner Lieblingslektüre. Auch Rommels Verständnis von der Kriegführung entsprach dem Motto Napoleons, Truppen nicht von den Tuilerien aus befehligen zu können. Schon als junger Soldat hatte er einen Stich erworben, der den großen Korsen zeigt, wie er von seinem Verbannungsort Sankt Helena aus auf die Weite des Atlantischen Ozeans blickt. General Nehring, ein späterer Untergebener Rommels, wiederum sah Parallelen zwischen Rommel und seinem obersten Befehlshaber im Angehen von Problemen. Beide hätten sich einen Plan gemacht, ihre Truppen aufgebaut und seien dann »rangegangen«, sagte der Troupier Nehring in der Sprache seines Métiers.

In den letzten Tagen vor dem Ausbruch des Zweiten Weltkrieges beförderte Hitler den Obersten Rommel rückwirkend zum 1. Juni 1939 zum General. Als kurz darauf mit dem Einmarsch deutscher Truppen in Polen und den Kriegserklärungen Englands und Frankreichs der Zweite Weltkrieg begann, schrieb der frischgebackene General an seine Frau: »Es ist doch wunderbar, daß wir diesen Mann haben.« Von ihm ging – so Rommels Eindruck – eine »magnetische, vielleicht hypnotische Kraft« aus, »die ihren tiefsten Ursprung in dem Glauben hat, er sei von Gott oder der Vorsehung berufen, das deutsche Volk ›zur Sonne empor‹ zu führen.« In manchen Augenblicken spreche er »aus der Tiefe seines Wesens« heraus »wie ein Prophet«, schrieb Rommel über den Mann, der ihn zum General gemacht hatte. Entsprechend erschütterte ihn ein Attentat auf »seinen Führer« Anfang November 1939 tief. »Es ist nicht auszudenken, wenn der Anschlag wirklich gelungen wäre.«

Als Kommandant des Führerhauptquartiers hielt er sich von Mitte August 1939 an während des folgenden halben Jahres täglich in der unmittelbaren Umgebung seines obersten Befehlshabers auf, in der viele Besucher eine »Atmosphäre der Servilität, Nervosität und Verlegenheit« spürten. Oft unterhielten sich Rommel und Hitler. Eine besondere Auszeichnung war es für den General, bei »intimsten Besprechungen« dabeisein zu dürfen. Die »erstaunliche Gabe« Hitlers, »bei allen Besprechungen sofort die wesentlichen Punkte zu erfassen und aus ihnen eine Lösung abzuleiten«, faszinierte Rommel, der fortan auch den Vorzug genoß, von Zeit zu Zeit neben Hitler an der Mittagstafel zu sitzen, was er in den Briefen an seine Frau ausdrücklich vermerkte. Jeden neuen Gunstbeweis Hitlers notierte er dabei penibel: »Habe mich gestern ca. zwei Stunden mit ihm über militärische Probleme unterhalten dürfen. Er ist außerordentlich freundlich zu mir.« Und so war es kaum verwunderlich, wenn es Rommel bald erlaubt war, bei den allabendlichen Lagebesprechungen während des Polenfeldzuges, in dem die moderne Panzerwaffe erste Triumphe feierte, anwesend zu sein und »gelegentlich auch ein Wort zu sprechen«, wie er seiner Frau begeistert berichtete.

So viel Anerkennung dankte Rommel mit kompromißlosem Gehorsam. Auf einer der zahlreichen Frontfahrten des »Führers« während des Polenfeldzuges brüskierte Rommel dabei sogar den mächtigen Bormann, Hitlers Sekretär. Als dessen Wagen Hitlers Fahrzeug zum eroberten Hafen von Gdingen folgen wollte, stellte sich ihm Rommel in den Weg und maßregelte den Parteifunktionär mit den Worten: »Ich bin Kommandant des Führerhauptquartiers. Dies ist kein Kindergartenausflug. Tun Sie, was ich sage.« Bormann sollte es ihm nie vergessen. Hitler dagegen war begeistert von diesem Mann, der nicht nur durch militärische

Fachkenntnis, Mut und Entschlossenheit, sondern auch durch absolute Ergebenheit auffiel. Und Erwin Rommel konnte umgekehrt feststellen, daß der »Soldat wieder etwas wert« war. Unter diesen Soldaten hatte es der Lehrerssohn aus der schwäbischen Kleinstadt Heidenheim zu etwas gebracht. Er war in die unmittelbare Umgebung Hitlers aufgerückt und erfreute sich der besonderen Gunst des Mannes, der sich gerade anschickte Deutschland zur Weltmacht zu erheben, desjenigen, »der weiß was das Beste für uns ist«. Rommel war ganz im Banne seines Oberbefehlshabers; er war des »Führers« General geworden.

Von der Gunst Hitlers geblendet, erkannte Rommel weder den menschenverachtenden Grundzug des Nationalsozialismus, noch bemühte er sich darum, dessen »wahres Gesicht« zu erschließen. Seinem soldatischen Weltbild zufolge waren politische Führung und Wehrmacht zwei voneinander getrennte Teile eines Ganzen. Rommel war Soldat und nicht Politiker. Er beschränkte sich wie viele seiner Kameraden im Generalsrang auf das rein Militärische. Wie sehr er glaubte, daß der von Hitler eingeschlagene Kurs zum Wohle nicht nur der Deutschen sei, verdeutlicht ein Brief an seine Frau, den er Anfang Oktober 1939 aus dem eroberten Warschau schrieb:

»Etwa jedes 10. Haus ist abgebrannt und zusammengestürzt. Läden gibt es nicht mehr. Die Schaufenster sind zersprungen, die Besitzer haben sich mit Bretterverschalungen geholfen. Es gibt seit zwei Tagen kein Wasser, kein Licht, kein Gas und keine Lebensmittel (...). Der Oberbürgermeister rechnet mit 40 000 Toten und Verwundeten.« Erschreckend naiv mutet Rommels Schlußfolgerung an: »Die Bevölkerung atmet wohl auf, daß wir gekommen sind und sie erlöst haben.«

Wie wenig sich der General um Politik kümmerte, zeigt, daß er trotz jahrelanger Hetztiraden Hitlers gegen alles Jüdische, die er teilweise aus nächster Nähe miterleben konnte, diesem noch 1943 zu bedenken gab, Deutschland würde in der Welt besser dastehen, wenn ein Jude Gauleiter werden könne. Hitler antwortete ihm: »Mein lieber Rommel, Sie haben nichts von dem verstanden, was ich will.« Hitler hatte recht.

Ende September 1939 westlich von Warschau. Von links nach rechts: Generaloberst von Reichenau, Hitler, Reichsführer SS Himmler und Generalmajor Rommel.

So sehr Rommel die Politik aus seinem Denken ausklammerte, so sehr war er doch darauf bedacht, das aus der preußisch-deutschen Armee stammende militärische Ethos auch innerhalb der modernen Streitmacht aufrechtzuerhalten. Sein späterer Einsatz in Nordafrika und Frankreich, weitab von Hitlers rassenideologischem Vernichtungskrieg im Osten, erleichterte ihm dies. So verbrannte er zum Beispiel einfach den Kommandobefehl, der ihm vorschrieb, auf Seiten der Briten in Nordafrika kämpfende gefangene »Freifranzosen« »auf der Stelle zu liquidieren«, da sie völkerrechtlich den Status von Partisanen hätten. Er »selektierte« Juden nicht aus, ebensowenig, wie er dem Ersuchen weißer Empire-Soldaten nachkam, in der Gefangenschaft getrennt von den Farbigen untergebracht zu werden. Er begründete dies kurzerhand damit, daß diese Farbigen Seite an Seite mit ihren weißen Kameraden gekämpft und deshalb auch Seite an Seite mit ihnen das Los der Gefangenschaft auf sich zu nehmen hätten. Rommel begnügte sich damit, für sich und seinen Befehlsbereich anständig zu sein. Die Frage nach der moralischen Qualität des Absenders solcher Befehle – also derjenigen Hitlers – stellte Rommel sich nicht. Vielleicht half er sich, wie viele Anhänger Hitlers, mit einer gewissen Trennung zwischen diesem und der Partei. Der »Führer« war für das Gute der Politik, die ihn umgebenden »Parteibonzen« waren für alles Schlechte verantwortlich.

Der Aufstieg

Hitlers Erfolge zu Beginn des Zweiten Weltkrieges faszinierten auch Rommel. Dänemark wurde besetzt, und den Briten kam man in Norwegen zuvor. Zur Niederwerfung Frankreichs arbeitete der Oberbefehlshaber einen Kriegsplan aus, der alles bisher Dagewesene an Kühnheit übertraf. Die Panzer und motorisierten Verbände der Wehrmacht sollten nicht – wie im Ersten Weltkrieg – über das belgische Flachland, sondern auf dem kürzesten Weg, also durch das unwegsame Gelände der Ardennen, wo niemand einen Angriff für möglich hielt, nach Frankreich durchbre-

chen. Einem solchen Mann zu folgen, der sich den Erfordernis-
sen der modernen Zeit angepaßt zu haben schien, erfüllte Rommel – wie Millionen Deutsche – mit Stolz. Im April 1940 schrieb
er in sein Tagebuch:

»Ja, wenn wir den Führer nicht hätten. Ich weiß nicht, ob es
einen anderen deutschen Mann geben würde, der die Kunst der
militärischen und politischen Führung in gleichem Maße so ge-
nial beherrschte.«

Im Gegensatz zu den Millionen anderen gehörte er jedoch zu
den wenigen, die Hitler sich zu seinen persönlichen Favoriten
erkoren hatte.

So verwunderte es nur die mißgünstig auf den »Parvenü«
Rommel schauenden Generalstäbler aus der unmittelbaren Umgebung Hitlers, als dieser den modern denkenden General an die
Spitze eines für die damalige Zeit modernst ausgerüsteten Verbandes stellte, um ihn an der Verwirklichung seines waghalsigen
Kriegsplanes gegen Frankreich teilhaben zu lassen. Rommel
empfand es als Krönung seiner bisherigen Karriere, als ihm Anfang Februar 1940 das Kommando über die in Bad Godesberg
stationierte 7. Panzerdivision übertragen wurde. Der Chef des
Heerespersonalamts hatte ein entsprechendes Gesuch Rommels
zuvor abgelehnt und den im Infanteriekampf im Ersten Weltkrieg Erprobten auf eine Gebirgsjägerdivision verwiesen. Hitler
hatte sich jedoch über die Entscheidung seines Heerespersonal-
chefs hinweggesetzt und Rommels Wunsch erfüllt. Zum Abschied aus dem Führerhauptquartier schenkte er Rommel ein
Exemplar von *Mein Kampf* mit persönlicher Widmung. »Herrn
General Rommel zur freundlichen Erinnerung« hatte Hitler hin-
eingeschrieben.

Im Mai 1940 also zog Rommel mit seiner Division an der
Spitze der Vierten Armee dann zum zweiten Mal in seinem Leben gen Westen. Schon nach zwei Wochen durchbrach er mit
seinen Panzern die verlängerte Maginot-Linie. Mitte Juni kapitulierte Frankreich. Im selben Eisenbahnwagen im Wald von
Compiègne, in dem 1918 die Vertreter der Obersten Heeresleitung den »schmachvollen Waffenstillstand« unterzeichnet hatten, traf man auf Hitlers Anordnung wieder zusammen – diesmal

allerdings mit vertauschten Rollen. Hitler hatte den Höhepunkt seiner Macht erklommen. Die Bilder seiner selbstzufriedenen Gesten vor dem Eisenbahnwagen liefern ein eindruckvolles Zeugnis davon. Nicht nur für ihn, sondern auch für den als ersten Divisionskommandeur des Heeres mit dem Ritterkreuz ausgezeichneten Rommel war der Beweis von der Überlegenheit der neuen Ordnung und ihrer Militärmacht sowohl gegenüber den »dekadenten« westlichen Demokratien als auch gegenüber dem Kaiserreich und der Weimarer Republik mit dem Sieg über Frankreich endgültig erbracht. Vier Jahre lang hatten im Ersten Weltkrieg deutsche Heere gegen den »Erzfeind« erfolglos gekämpft. Hunderttausende deutscher Soldaten waren gefallen. Hitlers Feldzug dagegen hatte – bei verhältnismäßig geringen Verlusten – nur sechs Wochen gedauert.

All dies hatte zwei Konsequenzen, die sich in geradezu schicksalhafter Weise ergänzten. Hitler glaubte nunmehr das schon im Ersten Weltkrieg vom kaiserlichen Heer besiegte Rußland ebenso schnell niederwerfen zu können. Die zweite Konsequenz des siegreich beendeten Frankreichfeldzuges war, daß nicht nur die Generalität, sondern auch die Masse des deutschen Volkes in Hitler – wie es der Chef des Oberkommandos der Wehrmacht, Generalfeldmarschall Keitel, ausdrückte – den »größten Feldherrn aller Zeiten« sahen und seinem »strategischen Genie« fortan blind folgten.

Auch Rommels Bindung an Hitler hatte sich nach dem Sieg im Westen weiter verfestigt. Er, der General des »Führers«, der sich bislang nur durch Sicherungsaufgaben hatte hervortun können, hatte als Divisionskommandeur während des Frankreichfeldzuges seine eigentlichen – militärischen – Fähigkeiten unter Beweis stellen können. Eifrig war er darum bemüht, an höchster Stelle das ihm entgegengebrachte Vertrauen zu rechtfertigen. Daher, und um Hitler seine Verdienste vor Augen zu führen, verfaßte er drei Wochen nach Beginn des Westfeldzuges schon eine Zwischenbilanz, in der er die von ihm dem Gegner beigebrachten Verluste genauestens auflistete, und überstellte sie Hitler. Auch nach dem Ende des Westfeldzuges wandte sich Rommel noch einmal an Hitler. Er hatte eine sorgfältig aufbereitete, jedoch an

manchen Stellen »geschönte« Geschichte seiner Division ange-
fertigt. »Geschönt« deshalb, weil er nicht davor zurückschreckte,
Leistungen anderer Kommandeure von Panzerregimentern für
sich zu beanspruchen, um seine Taten noch strahlender erscheinen zu lassen. Natürlich rief das Protest hervor. Ein Oberst, den
Rommel später in Afrika ablösen ließ, erhob Einspruch gegen
dessen Behauptungen beim Oberkommando des Heeres. Da
Rommels Öffentlichkeitsarbeit in eigener Sache dort ebenfalls
mit Verärgerung registriert worden war, verweigerte Generalstabschef Halder Rommel die Freigabe des gewünschten Bild-
materials für die Veröffentlichung der Geschichte in Buchform.

Kurz vor Weihnachten 1940 erhielt Hitler diese Nachbereitung des Frankreichfeldzuges über Rommels »direkten Draht«
Schmundt. Dieser war Hitlers Wehrmachts-Chefadjutant und
wurde im Sommer 1942 auch zum Chef des Heerespersonalamts
ernannt. Rommel und er empfanden Sympathie füreinander, die
zu einer engen Freundschaft führte. Schmundt war ein Bewunde-
rer Hitlers: »Welche Größe! Was für ein Idealist! Welche Freude,
einem solchen Führer zu dienen!« sagte er einmal. Ebenso wie
Rommel verachtete er Hitlers Umgebung. »Ja, leider ist der Führer von einer Bande von Schurken umgeben. Aber die meisten
von diesen Parteibullen sind noch Überbleibsel aus der alten
Zeit, aus der Kampfzeit der Bewegung.« Schmundt genoß Hitlers Wertschätzung und besaß Einfluß auf ihn. Für Rommel war
seine Freundschaft von großem Wert, da er auf diesem Wege direkt – also an den ihm mißgünstig gesinnten Generalstabsoffizieren aus den Oberkommandos der Wehrmacht und des Heeres
vorbei –, wann immer es ihm unbedingt nötig erschien, mit Hitler in Kontakt treten konnte.

Schmundt war es auch, der Rommel zuverlässig und umge-
hend über die Reaktion, die sein Manuskript bei Hitler hervor-
gerufen hatte, informierte:

»Noch auf dem Berghof konnte ich die so übersichtlich zusam-
mengestellte Geschichte Ihrer Division dem Führer übergeben
(...)! Sie können sich denken, mit welcher Freude der Führer darin
studierte.«

»Sie können stolz darauf sein, was Sie erreicht haben«, schrieb

Hitler Rommel am 20. Dezember 1940 und drückte damit Gefallen und Wohlwollen zugleich aus. In den »unendlichen Stolz« Rommels, »daß der Führer bei all der Arbeit, die auf ihm lastet, noch Zeit gefunden hat, sich mit meiner Geschichte der Division zu beschäftigen und mir zu schreiben«, mischte sich freilich auch die Hoffnung, von diesem alsbald für ein höheres und wichtigeres Kommando ausersehen zu werden.

Als Hitler Rommel am 3. Februar 1941 der Wehrmachtführung als »unglaublich harten Kommandeur« anpries, »der seine Panzer-Division in Frankreich wie einen Spähtrupp geführt habe und ohne Rücksicht auf Gefahr und körperliche Erschöpfung bis an die Kanalküste vorgestoßen sei«, hatte sich Rommels Hoffnung bereits erfüllt. Der General sollte die schwierige Lage in Nordafrika bereinigen, wo die Briten das verbündete Italien aus dessen nordafrikanischer Kolonie Tripolitanien zu vertreiben drohten. Mit der Entscheidung für Rommel setzte sich Hitler abermals über einen Vorschlag der Heeresführung hinweg. Dem von Generalstabschef Halder vorgesehenen Befehlshaber für die in Afrika einzusetzenden Verbände, Generalmajor Freiherr von Funck, einem klassischen Vertreter des preußisch-deutschen Offizierskorps, mißtraute er. Außerdem erachtete er von Funck als zu pessimistisch. Keiner konnte nach Hitlers Auffassung besser geeignet sein als der unkonventionell operierende und stets optimistische, im Januar 1941 zum Generalleutnant beförderte Rommel. Hitler begründete dies später einmal gegenüber einem italienischen Diplomaten damit, daß Rommel die Fähigkeit besitze, »seine Truppen mitzureißen. Dies ist für den Heerführer einer Truppe, die unter besonders schwierigen atmosphärischen Verhältnissen zu kämpfen hat, wie in Nordafrika (...) eine absolute Notwendigkeit.« In einem Brief kündigte Hitler dann seinem »Achsen-Partner« Mussolini an, er werde »den verwegensten Panzerwaffengeneral, den wir in der deutschen Armee besitzen«, an die Spitze des für die Verteidigung Tripolitaniens erforderlichen deutschen »Eingreifkorps« stellen.

Hitler persönlich wies Rommel am 6. Februar, ein Jahr, nachdem ihm das Kommando über die 7. Panzerdivision übertragen worden war, in die neue Aufgabe ein. Er wußte Rommel zu

schmeicheln, indem er ihn als den Mann bezeichnete, der sich am
schnellsten an die so gänzlich anderen Bedingungen des »afrikanischen Theaters« anpassen würde. Rommel schrieb davon seiner
Frau. Ihr berichtete er kurz darauf außerdem, Hitler habe in Anlehnung an seine früheren Verdienste beim Deutschen Alpen-
Korps seinem Verband den Namen »Deutsches Afrika-Korps«
gegeben. Mit feinem Gespür verband Hitler damit die militärische Tradition des alten mit der des neuen Deutschland. Freilich
war der Name gleichzeitig ein Seitenhieb für den gegen Großbritannien und Griechenland militärisch gescheiterten italienischen
Verbündeten, denn das Alpen-Korps, dem Rommel angehört
hatte, hatte im Ersten Weltkrieg gegen die Italiener gekämpft.

Der Gunstbeweise waren noch nicht genug. Hitler befahl seinem Wehrmachts-Chefadjutanten Schmundt, er solle Rommel
während der ersten Tage in Afrika begleiten. Am 12. Februar
1941 betraten beide erstmals afrikanischen Boden. Eine Begebenheit aus der Zeit kurz nach ihrer Ankunft, als für Rommel
weitere militärische Erfolge in greifbare Nähe gerückt zu sein
schienen, verdeutlicht, wie sehr Hitler seinem General gewogen
war. Da Nordafrika Koalitionskriegsschauplatz und Rommel
formal dem italienischen Oberkommando unterstellt war, sorgte
sich dieser nämlich – noch bevor seine Verbände überhaupt
angekommen waren – darum, daß der italienische Koalitions-
partner die von ihm noch zu erkämpfenden Siege für sich beanspruchen könnte. Über Schmundt wollte er daher schon vorab in
diesem Punkt Sicherheit erlangen. Nach Rücksprache mit Hitler
zerstreute Schmundt Rommels Sorgen wenige Tage, nachdem er
aus Afrika zurückgekehrt war:

»Beim Führer ist sichergestellt, daß eine historische Verdre-
hung der Verdienste nicht mehr stattfinden wird.«

Die Sorge Rommels resultierte aus schlechten Erfahrungen im
Ersten Weltkrieg. Damals nämlich hatten andere für die Eroberung wichtiger gegnerischer Positionen, die in Wirklichkeit Rommels Verdienst gewesen waren, höchste Kriegsauszeichnungen
erhalten. Dies hatte den jungen Offizier so tief verletzt, daß er,
obwohl der Kaiser ihm nach der Schlacht von Longarone
schließlich im Dezember 1917 doch noch den Pour le mérite ver-

liehen hatte, das Reichsarchiv zum Druck eines selbstgefälligen, vierzehnseitigen Nachtrags veranlaßt und auch die Armeehistoriker nach dem Krieg aufgefordert hatte, die amtlichen Geschichtswerke in seinem Sinne richtigzustellen. Noch während des Krieges war eine auf seinen persönlichen Aufzeichnungen basierende formelle schriftliche Beschwerde beim Kommandeur des Alpen-Korps, in der er die anderen zuteil gewordene Auszeichnung für sich beansprucht hatte, ohne Reaktion geblieben.

Schmundt, dem Rommel außerdem eine lange Wunschliste mit auf den Weg nach Deutschland gegeben hatte, schrieb dem »hochzuverehrenden General« außerdem, daß Hitler auf dem Berghof schon Nachrichten vom Krisenherd Nordafrika »entgegenfiebere« und »vollkommen auf den Kriegsschauplatz Libyen konzentriert« sei. Zur »Wunschliste« merkte Schmundt an: »Alle Wünsche werden von mir mit der Autorität des Führers forciert.« Sehr bald jedoch war Hitler schon ausschließlich auf Rußland konzentriert und konnte für den nordafrikanischen Nebenkriegsschauplatz nur in begrenztem Umfange Nachschub und Soldaten abzweigen. Da der Rußlandfeldzug dann auch nicht, wie erwartet, binnen weniger Wochen siegreich beendet werden konnte, sollte sich daran nichts mehr ändern. Die Kraftanstrengungen für Nordafrika mußten zeitlich begrenztes Stückwerk bleiben, weshalb Rommels Kriegsglück in den Jahren 1941 und 1942 zwangsläufig auf und ab wogte.

Im Gegensatz dazu sollte jedoch seine soldatische Karriere kontinuierlich ihrem Höhepunkt entgegengehen. Orden, Beförderungen und sonstige Gunstbeweise Hitlers häuften sich während Rommels »afrikanischer Jahre« wie bei keinem anderen General der Wehrmacht. Das Eichenlaub zum Ritterkreuz erhielt er im März 1941 noch für seine Erfolge mit der 7. Panzerdivision während des Westfeldzuges. Die Rückeroberung der Cyrenaika kurz darauf brachte ihm die Glückwünsche Hitlers. Der Sieg in der Panzerschlacht von Sollum Mitte Juni 1941 versetzte Hitler – neben den großen Anfangserfolgen im Osten – in »allerbeste Stimmung«. Als er Rommel Ende Juli im Führerhauptquartier Wolfsschanze empfing und zu dessen Erfolg gratulierte, deutete sich bereits Rommels Ernennung zum »General der Panzer-

truppe« an. Den mit ihm um die Gunst Hitlers buhlenden Generalstabsoffizieren gelang es zwar, aus der »Panzertruppe« eine im
Rang etwas darunterstehende »Panzergruppe Rommel« zu machen, faktisch vermochten sie jedoch nichts mehr an Rommels
weiterem Aufstieg zu ändern. Selbst als der General im Winter
1941 empfindliche militärische Rückschläge hinnehmen mußte
und das eroberte Terrain wieder verlor, fand Hitler Worte des
Lobes für ihn. Er erwähnte ihn namentlich in einer seiner Durch-
haltereden Anfang Dezember und ließ es sich nicht nehmen,
Rommel eine persönliche Neujahrsbotschaft zukommen zu lassen, in der er ihm sein Vertrauen aussprach: »Ich weiß, daß ich
mich auch im neuen Jahr auf meine Panzergruppe verlassen
kann«, hieß es darin. Gegenüber Rommels Stabschef äußerte
sich Hitler sogar zustimmend, was den Rückzug Rommels anbe-
langte. Der »Führer« sei »voll des Lobes und der Bewunderung«
gewesen, berichtete dieser bei seiner Ankunft in Afrika. Kaum
war die Gegenoffensive angelaufen, die Rommel »in dem festen
Glauben an die schützende und siegbringende Hand Gottes«
Ende Januar 1942 begonnen hatte, erfuhr auch Rommels Truppe
eine abermalige Aufwertung. Aus der »Panzergruppe Afrika«
wurde im Januar 1942 die »Panzerarmee Afrika«, der alle an der
Front befindlichen italienischen Truppen unterstanden. Der Erfolg der Offensive machte Rommels Beförderung zum Generalobersten perfekt, dem Jüngsten in der Wehrmacht, der bislang
diesen Rang bekleidet hatte. Höchstes Lob zollte Hitler ihm in
seiner »großen Rede«, wie Lucie Rommel ihrem Mann Ende Januar schrieb. »Furchtbar stolz« war sie, und mit ihr »das ganze
Volk, wie der Beifallssturm gezeigt hat, als der Führer (...) gestern Deinen Namen erwähnte und von unserem Generaloberst
Rommel sprach«. Mitte Februar 1942 gab Hitler seiner Bewunderung für Rommel dadurch Ausdruck, daß er ihm als sechstem
Offizier der deutschen Wehrmacht und erstem Heeresoffizier die
Schwerter zum Eichenlaub des Ritterkreuzes verlieh. Ausführlich zeigte die Wochenschau den Oberbefehlshaber der Panzerarmee Afrika bei Übergabe und erster Anprobe der neuerlichen
Auszeichnung mit stolzgeschwellter Brust. Rommel war dankbar, sich »für Führer, Volk und die neue Idee auswirken« zu kön-

nen, wie er in einem Privatbrief schrieb. Ende Mai 1942 – die Cyrenaika befand sich wieder in der Hand der »Achse« – setzte Rommel seine im Februar unterbrochene Offensive gegen Tobruk fort. Noch bevor die Besatzung der Festung kapitulierte, hatte der Oberbefehlshaber Süd, Generalfeldmarschall Kesselring, Hitlers Glückwünsche überbracht. Zwei Tage nach dem Fall Tobruks meldete am 23. Juni 1942 das Deutsche Nachrichtenbüro, daß Rommel zum Generalfeldmarschall befördert worden sei. Am Morgen des 30. September überreichte Hitler in der Berliner Reichskanzlei dem erst fünfzig Jahre alten Rommel als jüngstem General der Wehrmacht den Marschallstab. Noch am gleichen Abend ehrte er ihn zusätzlich auf einer Kundgebung zum Vierten Winterhilfswerk vor Partei- und Wehrmachtsabordnungen im Berliner Sportpalast. Millionen konnten es an den Volksempfängern hören. Mit der Person Rommels ehrte Hitler einen Mann, der in vielfacher Hinsicht dem von ihm gewünschten »revolutionären Offiziers- und Generalsnachwuchs« entsprach. Er besaß Jugend, Einfallsreichtum und Improvisationstalent. Er war einer von den sich bedingungslos für seine Ziele einsetzenden »Kerlen«, angesichts derer es Hitler während des länger und länger dauernden Rußlandfeldzuges bedauerte, ihre konsequente Auslese und Förderung in Friedenszeiten versäumt zu haben. Sein Auftritt gab der Veranstaltung dann auch den so dringend benötigten Siegesglanz, denn die Sommeroffensive an der Ostfront hatte die damit verbundenen Erwartungen bei weitem nicht erfüllt.

Seit seiner Ernennung zum General kurz vor Beginn des Zweiten Weltkrieges war dies für Rommel die fünfte Beförderung. Neben anderen Auszeichnungen hatte er zuvor das Ritterkreuz, das Eichenlaub und schließlich die Schwerter erhalten. Rommel wußte, auf wen allein diese – späte – steile Karriere zurückzuführen war.

»Wie ich jetzt (...) erfahren habe, verdanke ich meine neueste Beförderung nur dem Führer. Du kannst Dir meine Freude darüber denken. Seine Anerkennung zu finden für mein Tun und Handeln ist das Höchste, was ich mir wünschen kann«,

hatte er seinen Stolz schon bei einer vorangegangenen Beför-

*Rommel erhält aus den Händen Hitlers die Urkunde zum Marschallstab,
30. September 1942.*

derung in einem der vielen Briefe in die schwäbische Heimat beschrieben. In einem anderen hieß es, es sei »sehr schön, in diesem Alter so hoch zu kommen«. Alles sei »wie ein Traum«. Er, von dem man während des Ersten Weltkrieges gesagt hatte, er sei ein Soldat mit Leib und Seele, war Feldmarschall geworden und damit ein Unsterblicher. Lebenslange Privilegien hatte er damit erworben. Er nahm einen festen Platz in der Kriegsgeschichte des Reiches ein.

Auch Hitler war inzwischen von der historischen Größe des Erwin Rommel überzeugt. Als dessen Panzer nach der Einnahme Tobruks dem Nil entgegenbrausten und es so schien, als könnte sie niemand mehr aufhalten, sagte er, an den Gesandten Hewel gewandt, daß sich das Auswärtige Amt unterstehen sollte,

»bei der Besetzung Alexandrias und Kairos einen Residenten nach Ägypten zu schicken. In der Person Rommels befinde sich dort ein Generalissimus, der sich mit so unsterblichem Ruhm bedeckt habe und heute schon so allgemein als eine der schönsten Erscheinungen der Kriegsgeschichte angesehen werde, daß es ein Unding sei, ihm vom Auswärtigen Amt in die Dinge hineinreden zu wollen«.

Rommel begnügte sich nicht mit dem Erreichten. Sein Ehrgeiz trieb ihn weiter. Oberbefehlshaber des Heeres wollte er werden. Daß auch Hitler sich von Zeit zu Zeit mit dem Gedanken getragen hatte, seinem »Lieblingsgeneral« den Oberbefehl über das Heer zu übertragen, hatte im Vorjahr schon mehrfach als Gerücht kursiert. Im Dezember 1941 hatte er Generalfeldmarschall von Brauchitsch entlassen und keinen Nachfolger berufen. Nachdem Rommel im Juni 1942 Tobruk genommen hatte, schienen sich die Dinge zu konkretisieren. So meldete der Marineverbindungsoffizier beim Oberkommando des Heeres der Seekriegsleitung, daß beim Heer die alsbaldige Ernennung des unbeliebten Aufsteigers schon als »offenes Geheimnis« angesehen werde. Auch Goebbels, dessen Propaganda aus Rommel den deutschen Volkshelden schlechthin gemacht hatte, intervenierte im September 1942 bei Hitler in dieser Angelegenheit. Er machte diesem klar, welche Eigenschaften Rommel für die Übernahme dieses Postens und dessen Ausübung im nationalsozialistischen

Sinne geradezu prädestinierten. In seinem Tagebuch schrieb er sie auf: »Ruhm, auf dem Schlachtfeld erworben, Fleiß, Klarheit des Denkens und initiative Entschlußkraft.«

Rommels ständige Anwesenheit im Führerhauptquartier im Sommer 1943 gab derlei Gerüchten neue Nahrung. Die Eintragung eines Heeresoffiziers in sein Tagebuch aus jener Zeit lautete: »Hitler soll beabsichtigen, die Chefs Generalstab des Heeres aufzuteilen. Rommel soll Oberbefehlshaber z.b.V. (zur besonderen Verwendung, d. Verf.) werden.« Dieser selbst beschrieb seine Rolle, die er auch ohne die Ernennung bei den täglichen Lagebesprechungen spielte, selbstbewußt und in Verkennung seines Einflusses auf den Oberbefehlshaber mit den Worten: »Ich war dort als Berater, so als eine Art amtierender Oberbefehlshaber des Heeres. So war das gedacht.« Wenn auch nicht nominell, so sah sich Rommel doch de facto nochmals aufgewertet zum engsten Berater Hitlers in Heeresfragen. Dafür sprach seiner Ansicht nach auch, daß Hitler in diesen Wochen Rommels Meinung zu den neuesten Errungenschaften seiner Waffenschmieden einholte. Der Favorit Hitlers, der Nicht-Generalstäbler, glaubte sich an der von ihm gehaßten Generalstabs-»Clique«, die auch Hitler mit ihren »ewigen Bedenken« enervierte, vorbei ins vorderste Glied geschoben zu haben.

Irritationen

Der Anschein, als avanciere Rommel zum neuen Oberbefehlshaber des Heeres, konnte nicht darüber hinwegtäuschen, daß das Verhältnis zwischen Rommel und Hitler im Sommer 1943 nicht mehr jenes der Jahre 1939 bis 1942 war. Es lag wohl am Kriegsglück, das sich seit dem Spätherbst des Vorjahres endgültig gegen das Reich gewandt hatte. Am Südabschnitt der zweitausend Kilometer langen Ostfront war bis Januar 1943 eine ganze deutsche Armee im Kessel von Stalingrad aufgerieben worden. In Nordafrika, wo Rommel bis vor die Tore Alexandrias vorgestoßen war, hatten nach monatelangem Rückzug die Reste der Heeresgruppe Mitte Mai 1943 kapitulieren müssen.

Eine erste schwerwiegende Meinungsverschiedenheit zwischen Rommel und Hitler hatte es gegeben, als die Briten unter Generalleutnant Montgomery Anfang November 1942 an der El Alamein-Front erfolgreich durchgebrochen waren und Rommel eigenmächtig den Rückzug seiner Truppen befohlen hatte. In seinem Funkspruch an das Führerhauptquartier hatte er den bereits eingeleiteten Rückzug mit den Worten verschleiert, »die Armee bereitet sich darauf vor, ab 3.11. vor überlegenem Feinddruck schrittweise kämpfend zurückzugehen. Hierzu werden die Infanteriedivisionen bereits in der Nacht 2. auf 3.11. zurückgenommen.« Der erboste Hitler hatte Rommel prompt einen jener Durchhaltebefehle geschickt, von denen er in den folgenden Kriegsjahren noch viele ausgeben sollte. Darin hieß es:

»Mit mir verfolgt das deutsche Volk in gläubigem Vertrauen auf Ihre Führerpersönlichkeit und auf die Tapferkeit der Ihnen unterstellten deutschen und italienischen Truppen den heldenhaften Abwehrkampf in Ägypten. In der Lage, in der Sie sich befinden, kann es keinen anderen Gedanken geben als auszuharren, keinen Schritt zu weichen und jede Waffe und jeden Kämpfer, die noch freigemacht werden können, in die Schlacht zu werfen. (…) Trotz seiner Überlegenheit wird auch der Feind am Ende seiner Kräfte sein. Es wäre nicht das erste Mal in der Geschichte, daß der stärkere Wille über die stärkeren Bataillone des Feindes triumphierte. Ihrer Truppe können Sie keinen anderen Weg zeigen, als den zum Siege oder zum Tode. gez. Adolf Hitler.«

Nach Erhalt dieses Befehls soll Rommel zu einem seiner Offiziere gesagt haben, wenn man durchhalten wolle, bestehe die Armee keine drei Tage mehr. Dennoch unterbrach er den bereits angelaufenen Rückzug, jedenfalls so lange, bis er nach einer Intervention Alfred-Ingemar Berndts – seines Ordonnanzoffiziers, der im Zivilleben Ministerialdirektor im Propagandaministerium war und über beste Kontakte zur Führungsspitze verfügte – im Führerhauptquartier und einem weiteren Funkspruch am 4. November, in dem er Hitler aufforderte, den »Halte-Befehl« zurückzunehmen, am folgenden Tage Hitlers Einverständnis – »So wie die Lage sich entwickelt hat, billige auch ich Ihren Entschluß« – zum weiteren Rückzug erhielt. Rommel selbst schrieb darüber, er habe sich zu dieser Handlungsweise gezwungen gesehen, weil auch er von anderen immer bedingungslosen Gehorsam gefordert habe und sich nun, folgerichtig, ebenfalls an diesen Grundsatz zu halten hatte. Wenn Hitler seine Genehmigung auch nur widerwillig gegeben hatte und Rommel trotz verbaler Belobigungen eines »mustergültigen und einmaligen« Rückzuges – Rommel war bis Ende November 1942 mehr als 1200 Kilometer zurückgegangen – dessen eigenmächtiges Verhalten nachtrug, so gelangte er doch schließlich zu der Einsicht, daß ein Rückzugsmanöver für längere Zeit feindliche Kräfte band und damit Zeit für weiterreichende Entschlüsse brachte.

Rommel hatte an diesem Fall erkennen müssen, daß nicht alles, was der »Führer« befahl, militärisch sinnvoll war. Differenzen mit Hitler entzündeten sich von Herbst 1942 an weitere Male an dessen »Durchhaltebefehlen«. So, als mit der alliierten Invasion in Marokko und Algerien am 8. November 1942 die Lage für die deutsch-italienische Panzerarmee noch bedrohlicher geworden war, als es ohnehin schon der Fall war. Rommel faßte den Entschluß, zu Hitler zu fliegen und diesem vorzuschlagen, in einer gewaltigen Evakuierungsaktion Nordafrika zu räumen. Ohne Hitlers Genehmigung eingeholt zu haben, machte er sich Ende November 1942 zusammen mit Berndt auf den Weg ins Führerhauptquartier nach Rastenburg. Hitlers Verärgerung über die »Extratouren« seines Favoriten war während ihrer Unterredung, in der er Rommels Vorschlag eine klare Absage erteilte, deutlich spürbar.

Die Lageentwicklung in Nordafrika und die Erkenntnis, wie wenig doch »sein Führer«, dem er bedingungslos folgte, dem Rat des nach fast zwei Jahren Kampf in Afrika auch körperlich ausgelaugten Feldmarschalls vertraute, irritierten Rommel zusehends. Als Hitler jenen Evakuierungsplan brüsk zurückgewiesen hatte, deprimierte dies Rommel derart, daß er kaum noch seine Aufgabe erfüllen konnte. Sein enger Vertrauter Berndt zeigte sich in einem Brief an Lucie Rommel äußerst besorgt. »Der Zustand des Marschalls bedingt Depressionen, in denen er alles anders sieht, als es ist, dunkler, ungünstiger«, und, ein wenig um Aufmunterung bemüht, fügte er hinzu, er möchte »fest versichern, daß er bei allen Stellen wunderbar beurteilt« werde.

Selbst Hitler beeilte sich, Rommel über Berndt Mitte Januar 1943 »noch einmal seines ganz besonderen Vertrauens zu versichern«, und wertete ihn mit der Ernennung zum Oberbefehlshaber der Heeresgruppe Afrika Ende Februar abermals auf, bevor er ihn aus Tunesien abberief. Am 8. März 1943 bestieg Rommel mit seinem Ordonnanzoffizier und Propaganda-»Manager« Berndt in Sfax das Flugzeug, um über Rom ins ukrainische Führerhauptquartier Winniza zu fliegen. Der Feldmarschall verließ Afrika für immer.

Die Ereignisse um Rommels Rückkehr spiegeln ebenfalls die Irritationen im Verhältnis Rommels zu Hitler wider. Obwohl Hitler mit Rommels Lagevortrag am 10. März in Winniza sichtlich zufrieden war, was die »spontane« Verleihung der Brillanten zum Ritterkreuz, einer alles in allem höchstens dreißig Mal vergebenen Auszeichnung, zur Folge hatte. Der anwesende Goebbels notierte zu der Besprechung in sein Tagebuch:

»Er (Rommel) gibt ihm (Hitler) einen Bericht, der dem Führer ausnehmend gefällt. Rommel hat wieder alle Chancen für sich. Die Unterredung mit dem Führer ist glänzend verlaufen.«

Hitler befahl Rommel dennoch, ohne auch nur irgendeine Andeutung über dessen weitere Verwendung zu machen, seinen lange aufgeschobenen Genesungsurlaub anzutreten. Auch blieb die Verleihung der Brillanten zunächst geheim, woraus Rommel schloß, er sei bei seinem obersten Befehlshaber »in Ungnade« gefallen. Bestätigt sah sich der Feldmarschall in dieser Einschätzung auch dadurch, daß Hitler nicht auf sein Geburtstagstelegramm zum 20. April 1943 reagierte. Offenbar allzu optimistisch wünschte der zunehmend pessimistischere Rommel Hitler darin für sein neues Lebensjahr den »Sieg an allen Fronten«.

Im Widerspruch dazu stand Rommels kurz darauf geäußerte realistische und daher für Hitler ärgerliche Auffassung über die Kämpfe im tunesischen Brückenkopf, zu dem die Nordafrika-Position der Achsenmächte zusammengeschrumpft war. Wieder befahl Hitler das bedingungslose Halten der Front. Rommel dagegen setzte sich beim Oberkommando der Wehrmacht schriftlich dafür ein, »wenigstens die tüchtigsten deutschen Fachleute und Offiziere aus Afrika auszufliegen«. Er konnte sich nicht

durchsetzen, da sein Gegenspieler, Generalfeldmarschall Kesselring, der Oberbefehlshaber Süd, in seinem Optimismus so weit
ging, dem Oberkommando der Wehrmacht zu erklären, »mit
dem in Aussicht gestellten Nachschub sei es kein Problem, Tunis
zu halten«. Hitler setzte auf den Optimisten Kesselring und lag
damit falsch.

Wieder »in Gnade« bei Hitler glaubte sich Rommel erst, als
sich der von ihm schon Ende November 1942 vorausgesagte Verlust Afrikas mit der Kapitulation der Achsentruppen Mitte Mai
1943 bewahrheitete. Hitler befahl Rommel nach einer zweimo-
natigen »Funkstille« wieder ins Führerhauptquartier, erklärte
ihm, er hätte früher auf seine Evakuierungsvorschläge hören sollen, und bereinigte damit die aufgekommenen Dissonanzen. Äu-
ßeres Zeichen dafür war, daß Hitler am 12. Mai die schon im
März erfolgte Verleihung der Brillanten zum Ritterkreuz publik
machen ließ. Darüber hinaus ließ er bekanntgeben, Rommel
halte sich bereits seit März wieder in Deutschland auf. Der »Führer« legte nämlich »besonderen Wert« darauf, Rommels Namen
mit dem Ende der Kämpfe in Afrika nicht zu belasten. Goebbels
war erfreut darüber, daß Hitler nach wie vor »eine so hohe Meinung von Rommel hat«. Er meinte, dieser könne über die »Ver-
lautbarung, die der Führer für ihn diktiert hat, sehr glücklich
sein«. Rommel selbst war dennoch »etwas betrübt«, denn Hitler
hatte die obligatorische Veröffentlichung seines zur Auszeichnung gehörenden Gratulationsbriefes unterlassen.

Rommels Stimmung und sein Verhältnis zu Hitler besserten
sich in der folgenden Zeit, denn er hielt sich während des Som-
mers 1943 wochenlang im Führerhauptquartier in Hitlers unmittelbarer Nähe auf. Beide Männer unterhielten sich wie früher
»sehr angeregt«. Rommel stellte fest, daß der »Führer« »offensichtlich erfreut« war, ihn »da zu haben«, und ihm »sein volles
Vertrauen« schenkte. Hitlers Optimismus und seine abermalige
Hinwendung zu Rommel verfehlten ihre Wirkung auf diesen
nicht.

»Die ungeheure Kraft, die der Führer ausstrahlt, seine un-
beirrte Zuversicht, die vorausschauende Beurteilung der Lage
(...) hat es in diesen Tagen sehr deutlich gemacht, daß wir alle

miteinander sehr arme Würstchen sind im Vergleich zum Führer«, schrieb er, die Schuld für die Irritationen im Verhältnis zu
Hitler bei sich selbst suchend, im August 1943 an seine Frau Lucie.

Mit der zunehmend aussichtsloser werdenden Lage an den
Fronten waren jedoch weitere Spannungen zwischen Hitler und
Rommel gleichsam vorprogrammiert. Der eine sah die ihn depri-
mierende Wirklichkeit, während der andere dieser aus dem Wege
ging, zunehmend den Blick für die Wirklichkeit verlor und sich
immer mehr in die Phrasen von Durchhalten und Endsieg ver-
stieg. Der geradlinige und offene Rommel wollte nicht mehr so
recht in die Scheinwelt Hitlers passen. Das Verhältnis kühlte ab.
Rommel interpretierte dies als mangelndes Vertrauen Hitlers gegenüber seiner Person und suchte nach den Ursachen, die er freilich nicht zu finden vermochte. So begriff er dann auch nicht,
weshalb ihm Kesselring im Oktober 1943 im Ringen um Hitlers
Gunst voraus war. Es ging dabei um Italien, dessen Abfall vom
Bündnis mit dem Deutschen Reich im Spätsommer 1943 drohte.
Ende Juli hatte Hitler Rommel als Präventivmaßnahme die
Überwachung des Aufmarsches an der Grenze zum labilen Ver-
bündeten übertragen. Als Anfang September das faschistische
Regime sang- und klanglos zusammengebrochen und der »Achsen-Partner« unter Führung seiner Generalität zu den in Süditali-
en gelandeten Alliierten übergelaufen war, hatten Rommel (im
Norden Italiens) und Kesselring (im Süden) den Oberbefehl
über das Unternehmen »Achse«, die Besetzung des italienischen
Territoriums übernommen. Während Kesselring glaubte, die In-
vasionstruppen an der sogenannten »Gustavlinie« südlich von
Rom, die der Chef des Wehrmachtführungsstabes, Jodl, für »un-
einnehmbar« hielt, zumindest während des Winters 1943/44 aufhalten zu können, hatte sich Rommel für die sogenannte »Albert-
linie« nördlich von Rom ausgesprochen. Er hatte dies damit
begründet, daß die »Gustavlinie« durch weiter nördlich mögliche
Landemanöver von den Alliierten auf dem Seeweg umgangen
werden konnte. Obwohl Hitler sich militärisch für Kesselrings
Vorschlag entschied, schien er personell zunächst Rommel den
Vorzug zu geben. Diesem kündigte er Mitte Oktober 1943 an,

ihm den alleinigen Oberbefehl in Italien übertragen und Kesselring in das zu dieser Zeit strategisch bedeutungslose Norwegen abkommandieren zu wollen. Rommel jedoch, der seinen Titel »Oberbefehlshaber Italien« selbst vorgeschlagen hatte, verscherzte sich das Kommando in allerletzter Minute dadurch, daß er Hitler ankündigte, erst eine eingehende Inspektion der Kesselringschen Stellungen vornehmen und dann einen »ungeschminkten Vorschlag« machen zu wollen. Daraufhin ernannte Hitler Kesselring zum Oberbefehlshaber Südwest. Letztlich war es dessen optimistischere Betrachtung der Lage, die sich für Rommel nachteilig auswirkte. Hitler erläuterte seine Entscheidung später, Ende August 1944, während eines Gesprächs mit zwei Generalen:

»Er (Rommel) hat ja auch in Italien damals den Zusammenbruch als ganz nahe bevorstehend vorhergesagt. Er ist bis jetzt nicht eingetreten. Er ist durch die Ereignisse völlig widerlegt worden, und ich bin in meinem Entschluß gerechtfertigt worden, Feldmarschall Kesselring dort zu belassen, in dem ich einen unglaublichen politischen Idealisten gesehen habe, aber auch einen militärischen Optimisten, und ich glaube, daß man militärisch ohne Optimismus überhaupt nicht führen kann.«

Hitlers Mangel an Vertrauen in seine Person sah Rommel langsam wieder als überwunden an, als sich der Oberbefehlshaber der Wehrmacht entschloß, den inzwischen vor allem durch die Goebbelsche und britische Propaganda bei Freund und Feind populär gewordenen Feldmarschall Anfang November 1943 in den Westen zu entsenden. Rommel wurde mit der »Besichtigung der getroffenen Verteidigungsmaßnahmen an der gesamten Küste gegenüber England« betraut. Darüber hinaus sollte sein Stab Verbesserungsvorschläge erarbeiten und Operationsstudien für den Fall einer alliierten Landung in Westeuropa erstellen. Die Größe der Aufgabe machte aus Rommel noch einmal ganz den alten, wenn er auch anfangs noch zweifelte:

»Man weiß nicht recht ob die neue Verwendung eine Kaltstellung bedeuten soll. Von verschiedenen Seiten wird sie anscheinend so gedeutet. Ich sträube mich, dies zu glauben. Der Führer sprach ganz anders. Allein es gibt eben soviel Neider. Dabei ist die Zeit so ernst, daß jeder Neid und Hader wirklich nicht am Platz ist.«

Doch nach und nach fand sich Rommel wieder in sein Element, faßte abermals Vertrauen zu Hitler und dessen Reden vom »Endsieg«. Anläßlich der alljährlichen Ansprache Hitlers an die »alten Kämpfer« im Münchener Löwenbräukeller notierte er: »Welche Kraft geht von ihm aus! Mit welchem Glauben und welcher Zuversicht hängt sein Volk an ihm!« Der Mann mit dem geradlinigen Wesen vermochte Hitlers Wahnwelt nicht zu erkennen, der zufolge jedes Mittel recht war, wenn schon nicht Deutschland zur Weltherrschaft zu führen, dann doch in die totale Katastrophe.

Fieberhaft bemühte sich Rommel, der Anfang Januar 1944 zum Oberbefehlshaber der Heeresgruppe B – einer der beiden Heeresgruppen in Frankreich unter dem Oberkommando von Feldmarschall von Rundstedt, dem Oberbefehlshaber West –, ernannt worden war, um den Ausbau des Atlantikwalls. Zuversichtlich schrieb er seiner Frau im Januar, er »glaube bestimmt, daß wir die Abwehrschlacht im Westen gewinnen, wenn noch etwas Zeit zum Einrichten bleibt«, nachdem er um Weihnachten 1943 herum diesbezüglich schon »guter Hoffnung« gewesen war. Am 19. März 1944 war er auf dem Berghof mit dabei, als Rundstedt Hitler anläßlich eines Treffens mit den führenden Militärs eine auch von Rommel unterschriebene Loyalitätserklärung der Feldmarschälle überreichte. Während die anderen anwesenden Befehlshaber in Hitler sowohl äußerlich als auch als Redner nur noch einen Schatten seiner selbst erkannten, empfand Rommel des »Führers« Rede, die dieser am Tag darauf hielt, als von »wundervoller Klarheit und überlegenster Ruhe«.

An der Westfront sah sich Rommel an hervorragender Stelle eingesetzt, denn hier erwartete Hitler die Entscheidungsschlacht des Krieges. »Ich bin froh, hier persönlich ins Geschäft gekommen zu sein, nachdem ich ja schon von verschiedenen Kreisen als krank abgeschrieben wurde. Aber der Führer vertraut mir und das genügt mir auch«, erläuterte er Mitte Mai 1944 die ihm gestellte Aufgabe. Während der letzten Wochen vor der alliierten Invasion strotzte Rommel geradezu vor Optimismus. »Im Westen sind wir bester Zuversicht, es zu schaffen«, »wir werden Tag für Tag stärker (...). So sehe ich mit bester Zuversicht dem Kampf entgegen«. Telefonisch machte er Hitler am 16. Mai von den Fortschritten beim Ausbau der Verteidigungsanlagen des Atlantikwalls Meldung. »Er war bester Stimmung und hielt mit der Anerkennung unserer Arbeit im Westen nicht zurück«, freute sich Rommel, der sich seines Einflusses auf Hitler sicher glaubte, über die Reaktion seines Oberbefehlshabers.

Eine Schlechtwetterperiode, in der man die Landung der Alliierten nicht erwartete, nutzte Rommel, um am 4. Juni ins Reich zu fahren. Er hoffte auf ein Gespräch mit Hitler. Diesen wollte er um die Freigabe zusätzlicher Panzerdivisionen für die Küstenverteidigung bitten. Das Gespräch sollte, wie Rommel von Schmundt erfahren hatte, möglicherweise am 6. Juni stattfinden. Der Telefonanruf, der Rommel am frühen Morgen dieses Tages auf seiner Zwischenstation in Herrlingen, seiner Heimat, erreichte, galt jedoch nicht dem Treffen mit Hitler, sondern der soeben angelaufenen Invasion in der Normandie. Die kriegsentscheidende Schlacht hatte in Rommels Abwesenheit begonnen.

Vergebliche Initiativen

Dem noch am selben Tage in sein Hauptquartier nach La Roche Guyon zurückgekehrten Rommel wurde schon wenige Tage später zur traurigen Gewißheit, daß sein Plan, die feindliche Invasionsstreitmacht direkt an der Küste abzuschlagen, gescheitert und damit die Verteidigung der »Festung Europa« mehr als in Frage gestellt war. Er erkannte, daß – wollte man den militärischen Zusammenbruch des Reiches abwenden – der Zweifrontenkrieg durch einen Waffenstillstand an einer Front beendet werden mußte. Seine Gedanken kreisten dabei um eine politische Lösung mit den Westmächten. Daß er gerade an einen »Ausgleich« mit England dachte, war nicht zuletzt in seinen Kriegserfahrungen begründet. Die Briten, gegen die er bereits in Afrika gekämpft hatte, hielt er für faire Gegner. Besonders in der Person des Feldmarschalls Montgomery, seines früheren Rivalen, sah er einen möglichen Ansprechparter, über den sich eventuell erste Kontakte zur Gegenseite knüpfen ließen. Der von der Sowjetunion verkörperte Bolschewismus bedeutete für Rommel eine Gefahr für die Welt. Seiner Auffassung nach durfte dieser keinesfalls triumphieren, weshalb Rommel hoffte, daß sich Europa »vielleicht doch noch gegen diesen Feind zusammenfindet«.

Erstmals sprach Rommel die Notwendigkeit eines Waffenstillstandes im Westen an, als er zusammen mit dem Oberbefehlshaber West, von Rundstedt, am 17. Juni in Margival mit Hitler zusammentraf. Bei dieser Besprechung habe »besonders Rommel« – so sagte Jodl später vor dem Internationalen Militärtribunal in Nürnberg aus – »in einer ganz unmißverständlichen Weise den Ernst der Gesamtlage in Frankreich dargestellt«. Die Westfront konnte nicht länger gehalten werden. Rommel schloß seine Lagebetrachtung mit der dringenden Forderung, auf politischem Wege zu einer Beendigung des Krieges im Westen zu kommen. Solch unmißverständliche Worte war Hitler, der von opportunistischen Generalstabsoffizieren umgeben war, die gefällig seinem Gerede vom »Endsieg« beistimmten, nicht gewohnt, weshalb er Rommel verärgert anfuhr: »Kümmern Sie sich nicht um den Weitergang des Krieges, sondern um ihre Invasionsfront.«

Trotz allem glaubte Rommel, daß seine Intervention ihre Wirkung nicht verfehlt und Hitler ihr nur während der Besprechung aufgrund der Anwesenheit seiner Generale nicht Rechnung getragen hatte. Als sich die Lage an der Abwehrfront etwas entspannte, setzte er daher wieder ganz auf das »staatsmännische Geschick des Führers«. Seiner Frau schrieb der Feldmarschall prompt: »Ich sehe jetzt viel weniger besorgt in die Zukunft als vor einer Woche. (...) Der Führer war sehr nett und guter Laune. Er erkennt durchaus den Ernst der Lage.« Und Rommels oftmaliger Gesprächspartner in diesen Tagen, der Marineverbindungsoffizier zur Heeresgruppe B, Admiral Ruge, schrieb nach Margival in sein Tagebuch, Hitler übe noch immer einen »regelrechten Magnetismus« auf Rommel aus.

Ein zweites Mal wies Rommel den Oberbefehlshaber der Wehrmacht am 29. Juni während einer Besprechung auf dem Berghof darauf hin, daß politische Konsequenzen unabdingbar seien. Es war die letzte Begegnung der beiden Männer, und sie endete mit einem Eklat. Dreimal hatte Rommel angesetzt, sich zur dramatischen Lageentwicklung zu äußern. Als er schließlich zu Wort kam und auf das für Deutschland ungünstige Kräfteverhältnis aufmerksam machte, schnitt ihm Hitler das Wort ab. Er maßregelte den Feldmarschall in scharfer Form, sich lediglich zur militärischen Lage zu äußern. Als dieser unbeirrt seine Ausführungen über die Notwendigkeit eines Waffenstillstandes fortsetzte, befahl Hitler Rommel schließlich, den Raum zu verlassen.

Als der Feldmarschall nach Rundstedts Abberufung Anfang Juli 1944 wider Erwarten nicht dessen Nachfolger als Oberbefehlshaber West wurde, sah er sich veranlaßt, eine zehn Seiten lange Stellungnahme über den bisherigen Verlauf der Invasionsschlacht zu verfassen, die er über seinen Verbindungsmann im Führerhauptquartier, Schmundt, direkt zu Hitler befördern ließ. Immer noch glaubte Rommel, daß Hitler die erforderlichen Schritte selbst einleiten würde. Bei seinen Gesprächen mit Ruge kam Rommel wieder und wieder zu dem gleichen Schluß. Der »Führer« habe schon oft »politischen Instinkt« bewiesen und werde daher »von sich aus auf die richtige Lösung kommen«.

Geplagt von der zunehmenden Ungewißheit, ob Hitler tatsächlich handelte, startete Rommel schließlich eine weitere Initiative. Am 15. Juli gab er in einem ausführlichen, für Hitler bestimmten Bericht abermals seiner Befürchtung Ausdruck, daß es dem Feind in absehbarer Zeit gelingen könnte, die dünne eigene Front zu durchbrechen und in die »Weite des französischen Raumes« zu stoßen. Der Feldmarschall schloß mit dem dringenden Appell:

»Die Truppe kämpft allerorts heldenmütig, jedoch der ungleiche Kampf neigt sich dem Ende entgegen. Es ist meines Erachtens nötig, die Folgerungen aus dieser Lage zu ziehen. Ich fühle mich verpflichtet, als Oberbefehlshaber der Heeresgruppe dies klar auszusprechen.«

Zwei Tage, nachdem Rommel den Bericht über den Nachfolger von Rundstedts, Generalfeldmarschall von Kluge, an Hitler abgesandt hatte und drei Tage vor Stauffenbergs Attentat wurde das Fahrzeug Rommels während einer Inspektionsreise südöstlich von Caen bei Livarot in der Normandie von Tiefffliegern angegriffen. Aus allernächster Nähe eröffneten die von hinten anfliegenden Maschinen das Feuer. Rommel soll ihnen in diesem Augenblick todesverachtend entgegengeschaut haben. Was Sekunden später passierte, ist in einem Bericht wie folgt zusammengefaßt:

»Die Geschoßgarben der Flugzeuge trafen mit Sprenggranaten vor allem die linke Hälfte des Wagens. Dem Fahrer zerschlug eine Sprenggranate die linke Schulter. Rommel wurde durch Glassplitter im Gesicht verletzt und erhielt einen Schlag gegen die linke Schläfe und den Backenknochen, der unter anderem einen dreifachen Schädelbasisbruch und sofortige Bewußtlosigkeit zur Folge hatte.«

Vom Attentat auf Hitler erfuhr der schwerverletzte Rommel im Luftwaffenlazarett von Bernay. Zu seinem langjährigen Adjutanten sagte der Feldmarschall, daß man der »Vorsehung« nur dankbar sein könne, daß der »Führer« dem deutschen Volke erhalten geblieben sei. Der Soldat Rommel, der Treue gelobt hatte und dem Treue zeitlebens das höchste Gut war, empfand die Tat der vorwiegend adligen Offiziere als schändlich. Seine Betroffenheit drückte er am 24. Juli in einem Brief an seine Frau aus:

»Zu meinem Unfall hat mich das Attentat auf den Führer besonders stark erschüttert. Man kann Gott nur danken, daß es so gut abgegangen ist. Kurz zuvor hatte ich noch meine Ansicht nach oben gegeben.«

Gegenüber Ruge, der, noch ehe er erfahren hatte, ob Hitler tot war oder nicht, zum Attentat in sein Tagebuch geschrieben hatte, »so löst man die Probleme nicht«, sagte Rommel am selben Tag, daß er, sobald es ihm möglich sei, beabsichtige, zu Hitler zu fahren, um von ihm die Genehmigung für eine Zusammenkunft mit Montgomery zu erwirken. Noch während eines Zwischenaufenthaltes in einem Lazarett in Le Vésinet bei Paris kündigte Rommel Ruge mehrfach an, er wolle Hitler dringend persönlich Vortrag halten, um seine Auffassung über einen Frieden im Westen vorzubringen. Der Feldmarschall glaubte offenbar immer noch, Hitler dafür gewinnen zu können.

Während Rommel, dessen Genesungsprozeß Fortschritte machte, auf seine Überführung in die Heimat wartete, wurden dem vom fortgesetzten Pessimismus des Feldmarschalls verärgerten Hitler Anfang August 1944 Vernehmungsprotokolle eines gewissen an der Verschwörung des 20. Juli beteiligten Oberstleutnants von Hofacker vorgelegt. Aus diesen ging hervor, daß sich Rommel auch gegenüber Verschwörern defätistisch hinsichtlich des Kriegsausgangs geäußert und für politische Konsequenzen ausgesprochen hatte. Hitler war außer sich. Da er selbst Rommel, der nicht mehr an den »Endsieg« zu glauben vermochte und – was schlimmer war – daraus keinen Hehl machte, nicht mehr gebrauchen konnte, erwog er, diesen nach seiner Genesung in die »Führerreserve« zu entlassen. Jodl notierte dazu in sein Tagebuch:

»Führer läßt mich die Meldung lesen, die Kaltenbrunner (der Chef des Sicherheitsdienstes, d.Verf.)über die Aussagen des Oberstleutnant Hofacker gemacht hat. Wegen Besprechung mit R(ommel). (...) Will R(ommel) nach seiner Wiederherstellung befragen und ihn dann entlassen, ohne weiteren Aufhebens.«

Im Herbst 1944 jedoch entsann sich Hitler offenbar wieder der alten Verbundenheit mit Rommel und überlegte es sich anders. Anfang Oktober sprach er mit Keitel über neue Verwendungsmöglichkeiten für den Feldmarschall, dessen Genesungsprozeß unter der Obhut zweier Tübinger Professoren weitere Fortschritte gemacht hatte. Doch dann geschah etwas, womit Hitler nicht gerechnet hatte. Um den 12. Oktober 1944 herum legte Keitel seinem »Führer« Belastungsmaterial vor, aus dem dieser entnehmen mußte, daß Rommel tief in den Widerstand verstrickt war und auch vom Attentat gewußt haben mußte. Dennoch reagierte Hitler zurückhaltend. Er befahl Keitel, einen Offizier mit dem Material zu Rommel zu entsenden, um ihn damit zu konfrontieren. Träfen die Anschuldigungen nicht zu, womit Hitler offenbar rechnete, ging er davon aus, daß Rommel sich einer Untersuchung stellen oder ein klärendes Gespräch mit ihm suchen würde. Falls das gegen ihn Vorgebrachte wider Erwarten richtig war, sollte Rommel ausgerichtet werden, daß er »wie ein Offizier handeln« solle. In einem solchen Fall bliebe seine Ehre gewahrt, und er erhielte ein Staatsbegräbnis. Hitler wollte seinem General selbst dann noch eine letzte Gunst erweisen und ihm Volksgerichtshof und Galgen ersparen. Aufgeregt und gereizt – so schrieb Hitlers Leibarzt, Professor Morell, in sein geheimes Tagebuch – sei sein Patient an jenem 14. Oktober 1944 gewesen, dem Tag, an dem er auf Nachrichten aus der schwäbischen Heimat Rommels wartete.

Der Heerführer

Wenn in den Unterrichtsstunden Rommels während dessen
Kriegschulzeit die Fähnriche Clausewitz zitierten – er war das
»Evangelium« der Generalstabsoffiziere –, pflegte er sie zurecht-
zuweisen: »Kümmern sie sich nicht darum, was Clausewitz
meinte. Was meinen Sie selber?« Für die moderne Taktikschu-
lung mochte Clausewitz tatsächlich wenig zum besseren Verständnis beitragen. Zum Verstehen des Krieges jedoch um so
mehr. Der preußische Militärtheoretiker hatte nämlich gefordert, daß der Krieg die Fortsetzung der Politik mit anderen Mitteln sein müsse. Dies setzte eine enge Abstimmung von Politik
und Kriegführung voraus und verlangte vom Feldherrn die Fähigkeit, politisch zu denken. Schon während des Ersten Weltkrieges allerdings war dies nicht mehr die Regel. Da die Heeresführung nichts von Politik verstand, die Politiker wenig von der
Kriegführung und die Koordination entsprechend schlecht war,
hatte es zu dem für Deutschland unrühmlichen Kriegsende kommen können, das – aus der Sicht der Zeitgenossen – in einem
krassen Mißverhältnis zur militärischen Lage stand. Die apolitische Erziehung in der Reichswehr hatte die Trennung von Politik und Militär weiter vorangetrieben. Dies ermöglichte den
Nationalsozialisten, die Armee als politischen Faktor gänzlich
auszuschalten und Führungsgrundsätze durchzusetzen, denen
zufolge selbst die Heerführer nur so viel wissen sollten, wie sie zur
Ausführung ihres Befehls unbedingt wissen mußten. Weder Einsicht noch Beteiligung an der Ausarbeitung der Strategie war
ihnen gestattet. Sie wurden zu bloßen Instrumenten degradiert.
Selbst die Generalstabsoffiziere in der unmittelbaren Umgebung

des »Führers« waren vielfach nur Handlanger, die ausgetauscht oder in die »Führerreserve« entlassen wurden, wenn sie zu widersprechen wagten. Politik und Kriegführung – also die Strategie – koordinierte nur einer, den sie dann auch den »größten Feldherrn aller Zeiten« zu nennen pflegten: Hitler selbst.

Der verhinderte Stratege

Wie die meisten Generale wußte auch Rommel, der sich während vieler Monate im Führerhauptquartier aufhielt, nicht, daß Hitlers Politik und Kriegführung darauf zielten, nach einem festgefügten Plan ein kontinentaleuropäisches Großreich mit kolonialem »Ergänzungsraum« zu schaffen. Er wußte auch nicht, daß sich Hitler hierfür die Seemacht Großbritannien, mit der er keine Interessengegensätze sah, zum Verbündeten wünschte, um einmal gemeinsam mit den Briten gegen den nach der Zerschlagung der Sowjetunion einzig verbliebenen Herausforderer Europas – gegen die Vereinigten Staaten von Amerika – um die globale Hegemonie zu ringen.

Als Chamberlain dem Reich am 3. September 1939 den Krieg erklärte, weil er nach dessen Einmarsch in Polen das bis dahin von den Briten wie ein Augapfel gehütete europäische Gleichgewicht endgültig dahinschwinden sah, konnte Rommel nicht erkennen, daß Hitlers Kriegsplan bereits in diesem Frühstadium nicht aufgegangen war.

»Bis es Winter wird, bin ich m.E. bestimmt zu Hause. Der Krieg geht ja ganz nach unserem Programm, ja die kühnsten Erwartungen werden weit übertroffen. – Die Russen werden nun wohl demnächst angreifen. 2 Millionen Mann!«

So schrieb er seiner Frau Lucie am 9. September 1939, ausschließlich auf das zusammenbrechende Polen schauend, das mit dem bolschewistischen Verbündeten gemäß den Abmachungen des Hitler-Stalin-Paktes »in die Zange genommen wurde«. Wiederum nur den gewaltigen Sieg der Wehrmacht über Frankreich vor Augen, blieb Rommel im darauffolgenden Jahr verborgen, daß sich Hitler davon das »Einlenken« Großbritanniens versprochen hatte. Wie sollte es dem General auch einleuchten, daß man England bombardierte und Frankreich besiegte, um die britische Führung friedensbereit zu machen.

Nachdem Rommel im Februar 1941 das Kommando über das Afrika-Korps übernommen hatte, entwickelten sich aus jener falschen Einschätzung der Rolle Großbritanniens in Hitlers gesamtstrategischem Kalkül zwangsläufig folgenschwere Mißverständnisse. Rommels Auftrag dort lautete, »den Vormarsch feindlicher Verbände zum Stehen zu bringen und sie unter offensivem Einsatz der Panzerkräfte zu schlagen«. Mit den »feindlichen Verbänden« waren die Briten gemeint, die nach der Kriegserklärung Roms an London und der anfänglichen italienischen Offensive gegen Ägypten nun ihrerseits offensiv geworden waren. Bis wenige hundert Kilometer vor Tripolis waren sie vorgestoßen, und es schien, als könnte sie niemand mehr aufhalten. Hitler hoffte durch die Entsendung deutscher Truppen den Verlust ganz Nordafrikas für die »Achse« abwenden und Zeit gewinnen zu können für die bevorstehende Niederwerfung der Sowjetunion, von der er sich wiederum ein Einlenken Großbritanniens versprach. Anders ausgedrückt: Hitler wollte Churchill mit der Zerschlagung der Sowjetunion zeigen, daß es aussichtslos für sein Land und dessen Empire sei, weiterhin gegen Deutschland Krieg zu führen.

Rommel wußte im Frühjahr 1941 nichts vom unmittelbar bevorstehenden Rußlandfeldzug. Er glaubte sich vielmehr an die entscheidende Stelle gesetzt; auf dem einzig verbliebenen Landkriegsschauplatz sollte er gegen den einzig noch Widerstand leistenden Feind des Reiches, gegen Großbritannien, antreten. Dieses galt es aus seiner Sicht der Dinge daher so rasch wie möglich niederzuwerfen. Auf der Basis dieser Fehleinschätzung legte er in seinem Eifer Hitlers Befehl dahingehend aus, die Briten möglichst bald zu besiegen und Ägypten und den Suez-Kanal zu erobern. In dem festen Glauben, ausreichend Nachschub und – vor allem – weitere Divisionen zu erhalten, stürmte er dann auch sogleich nach Osten vor.

»Seit dem 31. März haben wir mit bemerkenswertem Erfolg angegriffen. Die Stäbe in Tripolis, Rom und möglicherweise in

Berlin werden staunen. Ich wagte es entgegen früheren Befehlen und Weisungen vorzugehen, weil ich eine Chance sah. Sie werden es am Ende gutheißen.«

Mitte April 1941 war Tobruk von den schwachen deutschen Truppen eingeschlossen, während ein anderer Teil bereits die ägyptische Grenze erreicht hatte. Die Kräfte des für Verteidigungsaufgaben nach Afrika entsandten Korps waren jedoch für die Offensive Rommels nicht ausreichend. Kompanie auf Kompanie verblutete bei den von Rommel wiederholt befohlenen Sturmangriffen auf die Festung Tobruk. Erstmals während des Zweiten Weltkrieges lief ein deutsches Armeekorps Gefahr, aufgerieben zu werden. Ende April entsandte daher der Generalstabschef des Heeres, Halder, seinen Oberquartiermeister, General Paulus, der später in Stalingrad kapitulieren sollte, nach Nordafrika, »um den verrücktgewordenen Soldaten zur Vernunft zu bringen«. Beide, Halder und Paulus, gaben Rommel, den sie der Aufgabe für nicht gewachsen hielten, nur zu bereitwillig die Schuld an der schwierigen Lageentwicklung und traten – freilich vergeblich – für dessen Ablösung ein. Rommel, der eilfertig seine Kriegskunst unter Beweis stellen wollte, handelte ihnen zwangsläufig zuwider, weil er von falschen strategischen Prämissen ausgehen mußte.

Die Mißverständnisse dauerten an. Als Hitler ein paar hundert Kilometer weiter im Norden, auf dem Balkan, noch vor dem Angriff auf die Sowjetunion einen weiteren Feldzug »einschieben« mußte, glaubte Rommel damit die Ursache für das Ausbleiben des erforderlichen Nachschubs gefunden zu haben. Seiner Frau schrieb er am 22. April 1941:

»Griechenland wird bald erledigt sein. Und dann wird es möglich sein, mir hier mehr Hilfe zu geben. Die Schlacht um Ägypten beginnt nun erst.«

Doch schnell zeigte sich, daß Rommel weiter im Dunkeln tappte. Was tatsächlich begann, war Wochen später der Rußlandfeldzug. Der Nachschub für Nordafrika blieb also weiter aus, weshalb Rommel seinen Plan, Ägypten zu erobern, vorerst aufgeben mußte.

Als der Feldzug gegen Sowjetrußland entgegen den allgemeinen Erwartungen vom Winter 1941/42 an zum Abnutzungskrieg erstarrte, erkannte Rommel, daß er auf einem Nebenkriegsschauplatz kämpfte, dessen Schicksal unabänderlich vom Ausgang des russischen Krieges abhing. Mehr aus Wunschdenken als aus realistischen Erwägungen sah er in Nordafrika den Schlüssel für eine Lösung des »russischen Problems«. So entwarf er einen Kriegsplan, den er im Jahre 1944 in seiner Rückschau über den Nordafrikafeldzug beschrieb. Diesem zufolge hätte nach dem Erkämpfen der Luftherrschaft im Mittelmeerraum mit Verbänden aus Frankreich, Norwegen und Dänemark und der Überführung »einiger« Panzer und motorisierter Divisionen etwa folgendes erreicht werden können:

»Wir hätten die britische Feldarmee schlagen und vernichten können. Damit wäre der Weg über den Suez-Kanal freigewesen (…) Nach Inbesitznahme der gesamten Mittelmeerküste hätte der Transport von Nachschub nach Nordafrika so gut wie ungestört erfolgen können. Dann wäre es möglich gewesen, in den persischen und irakischen Raum mit dem Ziel vorzustoßen, die Russen von Basra abzuschneiden, die Ölfelder in Besitz zu nehmen und uns eine Angriffsbasis gegen das russische Reich zu schaffen. (…) Als letztes strategisches Ziel hätte man einen Angriff gegen die Südfront des Kaukasus einleiten müssen, um Baku samt Ölfeldern zu nehmen. Damit hätte man die Russen in ihrem Lebensnerv getroffen. (…) Damit wären die strategischen Voraussetzungen gegeben gewesen, um den russischen Koloss mit konzentrischen Schlägen zusammenzuschlagen.«

Dieses nach wie vor von falschen Prämissen ausgehende Konzept Rommels wurde von Hitler abgeschmettert. Ein solcher Plan bedingte eine Teilung der deutschen Kriegsressourcen, die nicht einmal für den russischen Kriegsschauplatz reichten, und die Zerschlagung des britischen Weltreiches. Hinzu kam, daß Rommel immer noch nicht wußte, daß Hitler nach wie vor den »Ausgleich« mit Großbritannien suchte und bestenfalls Teilvorstöße in Nordafrika als Druckmittel auf den Wunschpartner akzeptierte.

Nahtlos in die Gesamtstrategie Hitlers fügten sich die Zielsetzungen Rommels in nur vier kurzen Phasen des Zweiten Weltkrieges: in Nordafrika jeweils dann, wenn er auf dem Vormarsch war. Der durch Rommels April-Offensive des Jahres 1941 auf London ausgeübte Druck ließ Hitler schon auf ein Einlenken Großbritanniens hoffen. Im Januar und Anfang Februar 1942, als der deutsche General die durch den Kriegseintritt Japans im Mittelmeerraum geschwächten Briten abermals aus der Cyrenaika vertrieb, hatte es aus Hitlers Sicht dann tatsächlich den Anschein, als würde Churchill aufgrund seiner Niederlagen in Fernost und Nordafrika stürzen und eine andere – prodeutsche – Regierung in London den Krieg beenden. Die Hoffnungen Hitlers erfüllten sich nicht, selbst dann nicht, als Rommel nach dem Fall der Festung Tobruk im Juni 1942 bis El Alamein vorstieß. Rommel freilich verband keine so weitreichenden Vorstellungen mit seinem Vormarsch. Seine Zielsetzung war rein militärischer Art: Er wollte den Feind endlich schlagen und Ägypten erobern. Ein letztes Mal waren Rommels Vorstellungen mit denen Hitlers deckungsgleich, als es darum ging, die alliierte Invasion im Westen abzuwehren. Rommel wollte sich bei den Angelsachsen revanchieren, und glaubte wie Hitler, damit Zeit zu gewinnen, um die Wende im Osten doch noch herbeiführen zu können. Als die Landung der Alliierten Anfang Juni 1944 geglückt war und die Rote Armee unaufhaltsam nach Mitteleuropa vorrückte, verließ Hitler immer mehr den Boden der Wirklichkeit und näherte sich der wahnwitzigen Alternative von »Endsieg oder Untergang«. Rommels Wunschvorstellung, im Westen mit den ebenfalls auf der Straße des Sieges marschierenden Alliierten einen Frieden auszuhandeln und eventuell gemeinsam mit diesen die »bolschewistische Gefahr für Europa« ein für alle Mal zu bannen, mußte deshalb bei Hitler auf Ablehnung stoßen.

Der Operationsführer

So wenig es der »Führer« seinen Feldherrn erlaubte, Strategen zu sein, so wenig billigte er ihnen eine eigene Operationsführung zu. Die Operationspläne wurden im Führerhauptquartier ausgearbeitet und zur Ausführung an die Generalität im Felde weitergegeben. Selbst in Kleinigkeiten mischte sich Hitler dabei ein. Dies

Rommel bei einer Lagebesprechung im Sommer 1942 in Nordafrika.

galt auch für Rommels Kriegführung während des Westfeldzuges und der Abwehrschlacht in der Normandie. Die Ausnahme bildete Afrika, wo der General formal dem italienischen Oberkommando unterstellt war und der deutsche Verbündete nach dem militärischen Scheitern des faschistischen Italien immer mehr Einfluß gewann. In dem Kompetenzwirrwarr konnte sich Rommel einen Handlungsspielraum schaffen, wie er für keinen anderen deutschen Truppenführer auf einem Kriegsschauplatz des Zweiten Weltkrieges zu erreichen war. Erst dieser Handlungsspielraum ermöglichte es Rommel, sich als kühner Operationsführer hervorzutun. Da für eine systematische Kriegführung, wie sie die Briten betrieben, in Nordafrika aufgrund des latenten Nachschubmangels bei den »Achsenmächten« die Voraussetzungen fehlten, mußte die bewegliche Kriegführung, eben das Operative, dominieren. Rommel erkannte, daß die kargen, weiträumigen Wüsten Nordafrikas im Gegensatz zu der bisher gültigen theoretischen Maxime des Generalstabs ein ideales Gelände dafür waren. Es gelang ihm, abseits vom entscheidenden Kriegsschauplatz mit seinen Panzern über Monate hinweg seine materielle Unterlegenheit zu kompensieren und den Gegner zeitenweise in schwere Bedrängnis zu bringen. Ein britischer General, der gegen Rommel kämpfte, schrieb dazu:

»An rascher Entscheidungskraft und in ihrem Bewegungstempo waren die Deutschen ihrem Gegner weit überlegen (...). Die britischen Generale waren nicht unfähiger als die Deutschen. Aber ihre militärische Ausbildung war veraltet. Es war eine Ausbildung, die auf dem Stellungskrieg der Jahre 1914 – 1918 fußte und nicht auf dem Bewegungskrieg mit Panzern, den sie nun zu führen hatten.«

Rommels Erfolg beruhte neben der beweglichen Kampfführung seiner Verbände vor allem auch auf deren konzentriertem Einsatz. Schon sein Vorstoß im April 1941 zeigte dies. Abermals erwies sich seine Operationsführung während der britischen Offensive im November desselben Jahres als überlegen. Obwohl es den Angreifern gelang, Rommel taktisch zu überraschen, bewiesen sie kein Geschick darin, die Situation zu ihren Gunsten auszunutzen, denn sie ließen die Panzerverbände fächerförmig auseinandergezogen angreifen und waren so an keiner Stelle stark genug, die Verteidigungsfront Rommels zu durchbrechen. Da der logistisch stets abgesicherte britische Angriff außerdem nicht rasch genug vorgetragen wurde, gelang es ebenfalls nicht, Rommel während seines wochenlangen Rückzuges zu umfassen und vernichtend zu schlagen. Der deutsche General dagegen konnte durch schnelle Gegenangriffe mit konzentriertem Panzereinsatz dem Gegner schwere Verluste zufügen, dessen Nachstoßen weiter verlangsamen und damit Zeit für den geordneten Rückzug, vor allem der nicht-motorisierten italienischen Truppen, gewinnen. Die Folge davon war, daß sich die Briten auf ihrem Vormarsch, bei dem sie mehr als tausend Kilometer zurücklegten, verausgabten und Rommel seinerseits Kräfte hatte sammeln können für die Gegenoffensive, die schon im Januar 1942 zur Überraschung von Freund und Feind erfolgte und bereits bis Mitte Februar die riesigen Geländegewinne der Briten wettmachen konnte.

Als Rommel nach monatelanger Auffrischungspause im Mai zur Offensive gegen Tobruk antrat, glich sein Plan dem des Vorjahres. Während die italienischen Streitkräfte von Westen Scheinangriffe vortrugen, setzten seine schnellen Verbände zum weiträumigen Umfassungsangriff an. Nachdem Bir Hacheim, das Sperrfort südlich von Tobruk, gefallen war, drang die Panzerarmee von dort in Richtung Norden in die Festung ein, die an nur einem Tag fiel. Wie wichtig für den stets materiell unterlegenen Rommel der Bewegungskrieg war, zeigt der Fortgang der Offensive nach dem Fall Tobruks. Erstmals verbot die Beschaffenheit des Terrains einen Umfassungsangriff. Rommel war zu einem kräfteverzehrenden Frontalangriff auf die gut ausgebaute britische El-Alamein-Stellung zwischen Mittelmeer und Kattára-Senke gezwungen. Der Angriff erstarrte und wurde zur Materialschlacht, der seine Armee nicht gewachsen war. Als die Briten im November 1942 wieder zur Offensive antraten, mußte Rommel schließlich endgültig weichen. Doch auch noch während des langen Rückzuges nach Tunesien gelang es ihm durch seine überlegene Operationsführung, die systematisch aufrückenden Empire-Truppen immer wieder empfindlich zu treffen, was freilich am Verlust Nordafrikas nichts zu ändern vermochte.

Der Vorrang der beweglichen gegenüber der systematischen Kriegführung hatte einen gravierenden Nachteil: Die Herbeischaffung des Nachschubs konnte nicht in dem gleichen Tempo wie die Bewegungen der Truppen gewährleistet werden. Für Rommels verwegene Operationen galt dies in besonderem Maße. Schon während des Westfeldzuges hatte es sich als schwierig erwiesen, den vorauseilenden Panzertruppen das Benzin nachzuführen. In Nordafrika, wo der Nachschub über lange See- und Landwege herbeigeschafft werden mußte, wurde dieses Problem zum latenten Desaster. Entscheidend für den Ausgang des Afrikafeldzuges waren jedoch nicht die Schwierigkeiten bei der Nachschub-Zuführung, sondern die Tatsache, daß es nicht genug zu transportieren gab und mit fortschreitender Zeit auch die Transportmittel immer knapper wurden. Die Überlegenheit des Gegners zu Land, See und in der Luft war erdrückend.

Insbesondere die letztgenannte veranlaßte Rommel 1944 im Westen bei der Verteidigung des unter seinem Kommando als Befehlshaber der Heeresgruppe B stehenden Küstenabschnitts nördlich der Loire bis zu den Niederlanden, von der beweglichen Kampfführung abzurücken. Ein freies Operieren von großen motorisierten Verbänden war nach seiner Aufassung angesichts der alliierten Luftüberlegenheit nicht mehr sinnvoll. Er wollte daher die Panzerdivisionen direkt an der Küste zur Aufstellung bringen, um schon die Landungsschlacht zur Entscheidungsschlacht zu machen. Mit seinen Vorstellungen stieß er jedoch auf den Widerstand des Generalinspekteurs der Panzertruppen und späteren Generalstabschefs des Heeres, Guderian, sowie anderer Generale. Sie glaubten, daß der Atlantikwall von den alliierten Luftstreitkräften mit massiver Unterstützung ihrer Schiffsartillerie zerschlagen werden würde und nur der geballte Angriff mit beweglichen Panzerdivisionen gegen die schon angelandeten feindlichen Verbände zum Erfolg führen könnte. Die kampfkräftigen Panzerdivisionen sollten deshalb im Raum von Paris weit auseinandergezogen für einen Bewegungskrieg aufgestellt werden. Die Folge des monatelangen Ringens zwischen Rommel und Guderian sowie den anderen Generalen war ein unglücklicher

Kompromiß. Hitler ordnete an, einen Teil der Panzerdivisionen Rommel zu unterstellen und damit an die Küste zu verlegen. Der andere Teil sollte als Reserve unter dem Befehl des Oberkommandos der Wehrmacht im Landesinneren bleiben. Am Ausgang der Invasionsschlacht hätte allerdings weder die uneingeschränkte Durchführung des einen noch des anderen Operationsplanes etwas geändert, denn die Invasoren zerschlugen sowohl die an der Küste stationierten Panzerverbände als auch diejenigen, die in der Weite des französischen Raumes operieren sollten. Die Kräfte der Verteidiger, die mit Ausnahme Hitlers die Invasion am falschen Küstenabschnitt, am Pas de Calais, erwartet hatten, waren einfach zu schwach, um dem Ansturm der Alliierten zu trotzen.

Der Taktiker

In seinem operativen Kalkül trug Rommel der materiellen Unterlegenheit der Wehrmacht stets Rechnung.

»Es ist keine Kunst, Feldherr zu sein in einem reichen Land, das viel Kriegsmaterial besitzt. Ich aber muß mich beschränken und mit kleinen Mitteln den Feind zu schlagen suchen«,

schrieb er im April 1944 in sein Tagebuch. Hierzu bedurfte es nach Rommels Auffassung einer ausgefeilten Taktik. Eben diese beherrschte er virtuos. Die Grundlage dafür hatte er sich mit der Analyse seiner im Weltkriege erlebten Gefechte geschaffen. Seine darauf basierenden Vorträge an der Dresdener und Potsdamer Infanterieschule hatte er zu einem beachtenswerten Werk über Taktik ausgearbeitet. Lebendige Gefechtsschilderungen, aus denen knappe und klare Schlußfolgerungen gezogen wurden, kündigten bereits das taktische Geschick des späteren Generals an, dessen geschultem Auge kein schlecht in Stellung gebrachtes Maschinengewehr oder ungenügend getarnter Beobachtungsstand entging.

Doch Rommel begnügte sich nicht nur mit der Schulbuchtaktik. Unentwegt grübelte er darüber nach, wie aus dem meist zu wenigen mehr gemacht werden konnte, wie schwache Verbände mit maximalem Erfolg eingesetzt werden konnten. Er entwikkelte dabei einen Erfindungsreichtum wie kein anderer General des Zweiten Weltkrieges. Für die Atlantikküste ersann er ein spezielles Verteidigungssystem. Überall schossen Vorstrandhindernisse aus dem Boden, darunter Rammböcke mit »Büchsenöffnern«, d. h. daran befestigten Eisendornen, Holzpfähle mit aufgesetzten Tellerminen sowie Beton- und Stahltetraedern. Im Landesinneren traf er Vorbereitungen gegen feindliche Luftlandeunternehmungen. Stolz berichtete er im Mai 1944 Hitler:

»Ein Korps allein hat 900.000 Pfähle gegen feindliche Luftlandungen gesetzt und hat eine Million Granaten flüssig gemacht, um die Luftlandehindernisse in den nächsten Wochen damit scharf zu machen.«

Die Hindernisse trugen den Namen »Rommel-Spargel«.

Noch heute erzählen alte »Afrikaner«, wie die Soldaten des Afrika-Korps genannt werden, wie Rommel mit seiner überlegenen Taktik die Briten zu narren versuchte. Schon bei der Parade der in Tripolis angekommenen ersten Verbände des Deutschen Afrika-Korps ließ er – um eine große Panzerarmada vorzutäuschen – bereits vorbeidefilierte Panzerfahrzeuge wieder am Ende der Marschkolonne anschließen und abermals paradieren. Getäuscht hatte er damit allerdings nur die italienischen und arabischen Zuschauer, denn die Briten wußten in jenen Februartagen des Jahres 1941 überhaupt noch nichts von der Anwesenheit deutscher Truppen in Afrika. Effektiver waren Rommels Panzerattrappen, die er bald darauf von seinen Soldaten in Tripolis zusammenbauen und auf Volkswagen-Chassis montieren ließ. Rommel schrieb darüber an den Oberquartiermeister im Generalstab des Heeres, Paulus, daß in Ermangelung von Panzern die ersten fünfunddreißig Panzerattrappen in Frontnähe eingetroffen seien und sicherlich dazu beitrügen, den Feind über die eigene Stärke zu täuschen. Weitere einhundertsiebzig Stück folgten in den nächsten Tagen. Der abgehörte Feind zeigte sich tatsächlich über die Stärke des Afrika-Korps getäuscht. Um Staub aufzuwirbeln und auch damit nicht vorhandene operierende Verbände vorzutäuschen, ließ Rommel von Lastwagen Zeltplanen durch den Wüstensand schleppen. Den gleichen Zweck verfolgte er mit seiner Idee, Propeller auf Fahrzeuge mon-

Rommel im Panzerspähwagen an der nordafrikanischen Front.

tieren zu lassen. Um Tobruk ließ Rommel Beobachtungstürme so lange mit uniformierten Strohpuppen besetzen, bis die Briten aufhörten, darauf zu schießen. Erst dann ließ er Soldaten die Türme besteigen.

Während des Frankreichfeldzugs 1940 nutzte er das frühmorgendliche Gegenlicht. So vermochte der geblendete Gegner Freund und Feind erst zu spät zu unterscheiden. Rommels nächtliche Vorstöße verwirrten die Franzosen ebenso wie der Durchbruch seiner Panzer, auf denen Soldaten große weiße Fahnen schwenkten, durch den Wald von Cerfontaine vor der Maginot-Linie. An der Maas hatte er zuvor Häuser in Brand setzen lassen, um den Fluß an der Spitze seines Verbandes im Schutze eines Rauchschleiers sicher zu überqueren. Die Beispiele von Rommels taktischem Einfallsreichtum ließen sich beliebig fortsetzen.

Der Vorgesetzte

Um die sich meist überraschend ergebenden taktischen Möglichkeiten maximal ausschöpfen zu können, führte Rommel stets vorne. Während der Kampfhandlungen pendelte er entweder zwischen den einzelnen Gefechtsständen hin und her oder flog wie in Afrika – selbst bei starker feindlicher Lufttätigkeit – das Frontgebiet mit seinem Fieseler Storch, einem einmotorigen Aufklärer, ab. Er sagte einmal von sich, er führe nicht wie ein Generalstabsoffizier vom grünen Tisch.

»Die Zeit eines Seydlitz und Zieten ist wiedergekommen. Wir müssen den heutigen Krieg vom Kavallerie-Standpunkt sehen – Panzereinheiten wie Schwadronen führen. Befehle im fahrenden Panzer wie früher aus dem Sattel geben.«

Dieser Führungsstil barg freilich die Gefahr, daß manchmal die Koordination der Gesamtoperation darunter litt. Nicht selten war Rommel irgendwo an der Front und nicht in seinem Gefechtsstand, wenn man dort von ihm Entscheidungen verlangte. Dennoch bescheinigen ihm die Kriegsgeschichtler, daß er eine »erstaunliche Gabe« hatte, plötzlich zur rechten Zeit und am rechten Ort aufzutauchen und dem Kampf doch noch eine entscheidende Wende zu geben.

Ein solcher Führungsstil motivierte Rommels Soldaten. Schon im Ersten Weltkrieg war hier und da etwas davon aufgeblitzt. So, als der junge Kompanieführer im November 1917 während der Kämpfe um Longarone beispielgebend den reißenden und eiskalten Piave-Fluß durchquert oder allen voran den Monte Matajur erstürmt hatte. Rommel wurde von der Erkenntnis geleitet, daß nur ein zu einer Einheit zusammengeschweißter Verband eine hohe Kampfmoral besitzt und volle Leistungskraft erbringen wird. Jeder Soldat – auch er selbst – mußte willens sein, für den anderen einzustehen. Die integrativen Fähigkeiten, die seitens des Führenden notwendig waren, um dies zu erreichen, entwickelte Rommel während der zwanziger und frühen dreißiger Jahre als Kompanieführer und Infanterielehrer weiter. Seine Beurteilungen wiesen von 1928 an darauf hin. »Als Lehrer und Erzieher seiner Kompanie hat er sehr gute Erfolge zu verzeichnen«, schrieb einer seiner Vorgesetzten im Jahre 1929 und empfahl Rommel als »Lehrer auf Waffenschulen«. Die folgenden Jahre als Taktiklehrer an der Dresdener Infanterieschule ließen den zuvor als still und bescheiden Charakterisierten zu einer »unerschöpflich anregenden« und »mitreißenden Führernatur« reifen, wie es das Schlußgutachten des Lehrgangsleiters 1933 vermerkt. Dies nicht zuletzt auch deshalb, weil er bei der Vorbereitung seiner Unterrichtsstunden pädagogisches Geschick bewiesen hatte. Ob bewußt oder nicht folgte er einem für die damalige Zeit fortschrittlichen didaktischen Konzept. Großen Wert legte er – im Gegensatz zu vielen seiner Ausbilder-Kameraden, bei denen sich die Fähnriche oft langweilten – auf eine abwechslungsreiche Aufbereitung. Seine Vorträge unterbrach er jeweils mit eigens angefertigten, auf eine Leinwand projizierten Skizzen, die die Kampfhandlungen schematisch darstellten sowie der Auflockerung und dem besseren Verständnis dienten. Rommel traf mit dieser Vorgehensweise genau den »Nerv« seiner Schüler, die er darüber hinaus vor allem durch sein Erzähltalent begeisterte. In nur kurzer Zeit wurde er so an den Kriegsschulen von Dresden und Potsdam zum beliebtesten Ausbildungsoffizier, der »vor allem charakter-bildend mit dem Ziele der Erziehung zu Selbständigkeit, frischem Wagemut und Verantwortungsfreudigkeit« wirkte. Ein »besonders starker Einfluß auf die Jugend« wurde ihm attestiert. Vielen seiner damaligen Fähnriche blieb sein Unterricht »ein Leben lang unvergessen«. So schreibt es – stellvertretend für andere – Nicolaus von Below, Hitlers Luftwaffenadjutant in den Jahren 1937 bis 1945, im Vorwort seiner Erinnerungen.

Die Verehrung, die Rommel dabei von seinen Schülern nachträglich für seine Taten während des Ersten Weltkriegs entgegengebracht wurde, ließen diese Taten für ihn noch größer und strahlender erscheinen, während sie gleichzeitig die Risiken seiner Operationen verdeckten. So schob die Bewunderung für seine Leistungen in Verbindung mit dem glücklichen Ausgang der von ihm geplanten und geleiteten Kampfhandlungen – verstärkt durch die verklärende Erinnerung – für Rommel als Maxime seines soldatischen Handelns langsam das militärisch Machbare in den Grenzbereich des militärisch Möglichen. Eine Haltung, die seine Entscheidungen im Zweiten Weltkrieg zweifellos beeinflußte.

Insbesondere in Afrika geriet Rommel deshalb mehrfach in Konflikt mit den ihm unterstellten, zumeist älteren Generalen. Sie beeindruckte es nicht, wenn er zum Beispiel vor Tobruk im April 1941 immer wieder den Angriff befahl, obwohl sich schon beim ersten vergeblichen Anrennen auf die Festung gezeigt hatte, daß dies aussichtslos war. Es kam zu schwerwiegenden Meinungsverschiedenheiten. Rommel reagierte mit scharfen Maßnahmen. Den Kommandeur einer Panzerabteilung ließ er vor ein Kriegsgericht stellen, weil der Offizier einen Nervenzusammenbruch erlitten und sich geweigert hatte, einen englischen Panzerverband anzugreifen. Den Befehlshaber einer Panzerdivision ließ er ablösen, weil er in der Fürsorge für seine Soldaten – nach Rommels Ansicht – zu weit gegangen war, worauf dieser erwidert haben soll: »Ein größeres Lob könnte man eigentlich einem Divisionskommandeur nicht spenden«. Beim Oberkommando des Heeres häuften sich die Beschwerden über Rommel. Während Halder tobte, sah sich von Brauchitsch veranlaßt, den

Befehlshaber des Deutschen Afrika-Korps zu ermahnen. In seinem Funkspruch hieß es:

»Ich habe (...) durch Vorlage von kriegsgerichtlichen Urteilen und Beschwerden, besonders aber durch die zahlreichen Anträge auf Ablösung bisher bestens bewährter und beurteilter Offiziere den Eindruck gewonnen, daß selbst bei Berücksichtigung der dort vorliegenden besonderen Verhältnisse und der dadurch bedingten Härte in der Führung in verschiedenen Fällen bei diesen Maßnahmen nicht sachgemäß gehandelt worden ist. Je schwieriger die Verhältnisse sind, desto größer die Anspannung aller Nerven. Um so mehr ist es die Pflicht eines jeden Vorgesetzten, genauestens zu prüfen, ob Eingriffe wie Drohungen bzw. Anträge auf Ablösung bisher im Kampf bestens bewährter Offiziere oder scharfe Kritiken oder übereilte Befehle am Platze sind, oder ob nicht eine ruhige und belehrende und vom kameradschaftlichen Geiste getragene Ansprache ohne jede Schärfe besser zum Ziele führen würde. Ich halte es für meine Pflicht nicht nur im Interesse des deutschen Afrika-Korps, sondern auch in ihrem persönlichen Interesse, Sie auf diese Punkte hinzuweisen.«

Rommel reagierte auf die Rüge des Oberbefehlshabers des Heeres verärgert. »Ich lasse mir das nicht gefallen, ein Brief an von Brauchitsch ist schon unterwegs«, schrieb er, der sich der Rückendeckung Hitlers gewiß war, seiner Frau. Noch weitaus schwieriger gestaltete sich das Verhältnis Rommels zu der italienischen Generalität. Rommel schätzte sie nicht zuletzt wegen seiner Erfahrungen aus dem Ersten Weltkrieg gering. In seinem Taktik-Leitfaden hatte er genau das Versagen der italienischen Offiziere an der Isonzo-Front analysiert. Die in das Buch aus Rücksichtnahme auf den Verbündeten aufgenommene Feststellung, daß die italienische Armee heute zu den »schlagkräftigsten der Welt« gehöre, mußte sich für Rommel wie Hohn anhören. Die Führung der italienischen Streitkräfte wollte einfach nur abwarten – so meinte Rommel nicht zu Unrecht –, bis Hitler anderswo den Krieg entscheiden würde. Immer dann, wenn Rommel zur Offensive antrat – dies geschah meist, ohne den Verbündeten vorher zu informieren –, kam es daher zwangsläufig zum Krach. Das Verhältnis war so schlecht, daß sich italienische

Kommandeure, wie Mussolinis Außenminister Ciano in seinem Tagebuch notierte, über Rommel ereiferten, wenn sich dieser zurückziehen mußte. Für sie hatte sich dann nämlich herausgestellt, daß Rommel »als Führer ein Reinfall ist«. Nur einmal, im Frühsommer 1942, als die Deutschen Tobruk überrannten, einigte man sich; und dies allein deshalb, weil die italienischen Heerführer mit der vermeintlich bevorstehenden Eroberung Ägyptens unsterblichen Ruhm in greifbarer Nähe sahen. So erwartete denn auch der »Duce«, der auf einem Schimmel in Kairo einreiten wollte, von den deutschen Verbündeten, daß beim Marsch ins Nildelta italienische und deutsche Kräfte zu gleichen Teilen vertreten sein würden. Aus der Sache mit dem unsterblichen Ruhm wurde jedoch bekanntlich nichts, und prompt verschlechterte sich das Verhältnis zwischen Rommel und der italienischen Generalität wieder. Kesselring, der Oberbefehlshaber Süd, glaubte sogar, daß es »irreparable politische Folgen« für die gesamte »Achsen«-Partnerschaft nach sich gezogen habe.

All dies blieb dem »gemeinen Landser« verborgen. Er sah in Rommel einen Vorgesetzten, der auch als General und Feldmarschall sich den gleichen Härten aussetzte, die er seinen Soldaten abverlangte. Sein dabei zutage tretender persönlicher Mut trug ihm nicht nur Achtung und Bewunderung vieler deutscher Soldaten, sondern auch die der italienischen Bersaglieri ein, die ihn mitunter »Santo Rommel« nannten. Armbruster, Rommels Dolmetscher in Afrika, berichtete, daß dieser Briefe von italienischen Soldaten erhielt, in denen sie ihre Verehrung für den deutschen General ausdrückten. Noch nie oder nur selten hatten sie einen ihrer Kommandeure in vorderster Linie gesehen. Von Bastico, dem Oberbefehlshaber der »Achsen«-Truppen in Nordafrika, ist bekannt, daß er zweitausendfünfhundert Kilometer hinter der Front in einem palastartigen Anwesen zu residieren pflegte. Dies und das große Vertrauen, das die italienischen Soldaten in Rommels Führung setzten, blieb auch Mussolini nicht verborgen, wie Ciano in seinem Tagebuch festhielt. Seiner eigenen Generalität warf der »Duce« daher mitunter Feigheit vor und stellte ihr Rommel, »der immer vorne ist«, als leuchtendes Beispiel hin.

Rommels Kameradschaftsgeist zeigte sich auch darin, daß er

im Gegensatz zu den Gepflogenheiten in der italienischen Armee, in der es für Offiziere, Unteroffiziere und Mannschaften verschiedene Verpflegungsrationen gab, die gleichen Mahlzeiten zu sich nahm, die auch seine Soldaten erhielten. Gleichfalls beeindruckt waren seine Männer von der unermüdlichen Tatkraft und der enormen körperlichen Leistungsfähigkeit des Generals, die zu erhalten er nur wenig Schlaf benötigte. Rommel hatte seine Lehren aus den Erfahrungen des Ersten Weltkrieges auch in dieser Hinsicht gezogen und sich seine Leistungsfähigkeit während der Friedensjahre konsequent mit einer Vielzahl von sportlichen Tätigkeiten erarbeitet, da er ursprünglich nur eine schwache Konstitution besessen hatte. Das Resultat war eine rastlose Aktivität, die angesichts seines Alters und insbesondere unter den extremen klimatischen Bedingungen des Wüstenkrieges erstaunlich war.

Rommel war also in vielerlei Hinsicht ein Vorbild für seine Soldaten. Dies bewirkte bei ihnen ein »Wir-Gefühl«, das sie stärkte und manche Leistung seiner Armee gegen eine zahlenmäßige Übermacht erst ermöglichte. Ihren Ausdruck fanden der soldatische Respekt und die Rommel entgegengebrachte Bewunderung darin, daß die Soldaten ihn im Gespräch untereinander beim Vornamen nannten. »Erwin« war einer von ihnen. Nie war er um einen Ratschlag verlegen. Stets vermochte er »das Schwierigste auf eine einfache Formel zu bringen«. Er konnte »saugrob« sein, wenn etwas nicht so lief, wie er es sich vorgestellt hatte. Für jeden, der seine Pflicht tat, hatte er jedoch Lob und auch ein freundliches Lächeln übrig. Nichts soll ihm mehr Spaß gemacht haben, als mit einem Landsmann zu »schwäbeln«. So behielten ihn die einfachen »Landser«, die in den Wüsten Nordafrikas und den Ebenen Frankreichs unter seinem Kommando kämpften, in Erinnerung.

Die Propagandaschöpfung

Kaum ein General sei so von der Wichtigkeit des Propagandaein-
satzes durchdrungen wie Rommel. Eben daran zeige sich auch,
welch ein moderner General er doch sei, sagte Propagandaminister Goebbels zufrieden während eines Abendessens mit Hitler in
der Reichskanzlei am 22. Juni 1942. Am Tag zuvor hatte Rommel
das im Vorjahr monatelang umkämpfte Tobruk genommen, und
es schien nur noch eine Frage von Tagen, daß er an der Spitze
seiner Soldaten in Kairo einmarschieren würde. Rommel, der
von Hitler zum Dank dafür zum Feldmarschall ernannt wurde,
hatte den Höhepunkt seiner militärischen Laufbahn erklommen.
Grund zur besonderen Freude hatte jedoch nicht nur der Erobe-
rer Tobruks, sondern auch Goebbels. Seiner Propaganda war es
gelungen, den schneidigen Panzergeneral zum großen Idol der
Deutschen im vierten Kriegsjahr zu machen.

Die Ausnahme

Die Voraussetzung hierfür war das nahtlose Ineinandergreifen
von Rommels soldatischem Ehrgeiz auf der einen und der nationalsozialistischen Kriegspropaganda auf der anderen Seite. Der
unorthodoxe, moderne Panzergeneral, der sich der statischen
Kriegführung sowohl der Franzosen als auch der Briten überlegen zeigte, bescherte dem System den neuen Typus des militärischen Führers. Dieser war selbst gegenüber materiell überlegenen Feinden siegreich oder konnte ihnen zumindest standhalten.
Solch einen Prototypen des nationalsozialistischen Heerführers

den Deutschen vorzuführen war insofern von Nutzen, als er ihnen Überlegenheit und Standfestigkeit gleichermaßen suggerie-
ren konnte. Außerdem war die Propaganda um den General als
»psychologische Waffe« gegen den Feind einzusetzen.

Hitler, der mit der Vorstellung »aufgeräumt« hatte, daß »jeder
aussprechen kann, was er Lust hat«, erkannte dies früh. In *Mein
Kampf* lobte er die »vorbildliche« englische Propaganda des
Weltkrieges und verurteilte nachdrücklich die des Kaiserreiches,
der er vorwarf, daß sie inhaltlich nicht mehr als »fades Pazifisten-
spülwasser« und damit unfähig gewesen sei, »Menschen zum
Sterben zu berauschen«. Den nationalsozialistischen Presseap-
parat bezeichnete er dagegen als »etwas Wunderbares«. Die Hervorhebung von Personen in der Propaganda – außer der eigenen
– erachtete Hitler dabei als »ungesund«. So durften Fotografien
von Heerführern und anderen Generalen nur mit seiner aus-
drücklichen Genehmigung veröffentlicht werden. Die einzige
Ausnahme duldete er bei seinem »Lieblingsgeneral«. Seiner
durfte sich die Goebbelsche Propaganda in aller Ausführlichkeit
annehmen. Hitler, der sich die neuesten Wochenschauen zur Genehmigung vorführen ließ, gestaltete die Propagandaschöpfung
jedoch auch selbst mit. Er kritisierte, gab Anregungen oder dik-
tierte bisweilen neue Kommentare.

Wenn Goebbels sagte, Rommel sei ein moderner General im
wahrsten Sinne des Wortes, dann meinte er damit freilich auch
die Aufgeschlossenheit, mit der Rommel der »Vermarktung« seiner Person durch die nationalsozialistische Propaganda gegen-
überstand. Rommel glaubte zu Recht, daß Popularität für die
Beschleunigung seiner Karriere von Nutzen sein würde. Wie die
Nationalsozialisten wohlkalkuliert den legendären Volksemp-
fänger populär gemacht und erstmals Flugzeuge für Hitlers
Wahlkampfreisen eingesetzt hatten, erkannte der technisch
interessierte Rommel die in den modernen Errungenschaften
seiner Zeit liegenden Möglichkeiten. So trug er während der
Feldzüge in Frankreich und Afrika immer einen Fotoapparat –
bezeichnenderweise ein Geschenk des Propagandaministers –
bei sich und machte ständigen Gebrauch davon, um dann bereitwillig einige der Aufnahmen, die insgesamt mehrere Alben füllen

sollen, Zeitschriften zur Verfügung zu stellen. Die Titelseite der *Frankfurter Illustrierten* zeigte ihn einmal fotografierend im Panzer – für einen Wehrmachtsgeneral ein gänzlich ungewohntes Bild. Doch noch lieber posierte Rommel selbst vor den Kameras. Im Gegensatz zu den meisten anderen Offizieren und Generalen, die sich abfällig über die Arbeit der »Propagandafritzen« äußerten, hofierte Rommel geradezu die Fotografen– und Kamerateams der Propagandakompanien, die sich um ihn scharten wie um keinen zweiten General der Wehrmacht. Häufig ließ er Szenen noch einmal drehen, weil er glaubte, nicht vorteilhaft abgelichtet worden zu sein. Rommels diesbezügliche Eitelkeit war derart ausgeprägt, daß die Propagandakompanien sogar manchmal nur so taten, als filmten sie den General, um ihn bei guter Laune zu halten. Bannten sie ihn gar nach militärischen Erfolgen auf Zelluloid, erlebte Rommel »wunderbare Augenblicke«. Seiner Frau teilte er dann stolz mit, daß die ganze Szenerie gefilmt worden und sicherlich in einer der nächsten Wochenschauen zu sehen sei.

Für die Verbindung zwischen der Propagandazentrale und dem Panzergeneral sorgten Funktionäre aus dem Berliner Ministerium, die die braune Parteiuniform mit dem Rock der Wehrmacht getauscht hatten. Da ihnen Rommels gutes Verhältnis zu Hitler bekannt war, versprachen sie sich Vorteile, wenn sie unter dem Kommando des Hitler-Günstlings beim Waffengang gegen Frankreich dabeisein würden. Während des Westfeldzuges galt dies vor allem für zwei Männer: für Karl Hanke, den Unterstaatssekretär im Propagandaministerium und späteren Gauleiter von Schlesien, und für Karl Holz, den Schriftleiter – sie waren an sich für den Wehrdienst unabkömmlich – des nationalsozialistischen Hetzblattes *Der Stürmer*. In Afrika erhielt Rommel mit seinem Ordonnanzoffizier Alfred-Ingemar Berndt, den der ehemalige Außenminister von Neurath als »fanatischen Nazi« bezeichnete, nicht nur einen gerissenen und kaltschnäuzigen Propaganda-»Manager«, sondern auch ein effektives, direktes Bindeglied zu Goebbels. Der Ministerialdirektor im Propagandaministerium, dem dort die Zensur der gesamten Presse im Reich oblag, beeindruckte Rommel durch seinen persönlichen

Mut und wurde im Verlauf der Zeit zu einem der engsten Vertrauten des Panzergenerals und späteren Feldmarschalls. Häufig übertrug Rommel Berndt auch Kurierdienste zwischen Afrika und dem Propagandaministerium.

Der »apokalyptische Reiter«

Rommels unbeschwerter und zugleich unorthodoxer Führungsstil sowie sein besonderes Verhältnis zu Hitler und zur Propaganda ließen seine Panzerdivison schon kurz nach Beginn des Westfeldzuges aus der Masse der dort eingesetzten Wehrmachtsverbände hervortreten. Begünstigt wurde dies auch dadurch, daß Rommels Divison im Panzerkorps des Generals Hoth die Spitze der Vierten Armee General von Kluges bildete. Ihr Durchbruch durch die französischen Linien wurde sogleich zu einem Propagandaspektakel, dessen Gegenstand noch weniger die Person Rommels als die Schlagkraft der neuen deutschen Wehrmacht war. Entsprechend dem Konzept des Blitzkrieges schienen Hitlers Panzer »pfeilschnell«, »apokalyptischen Reitern« oder gar einem Wirbelsturm gleich, über Frankreich »hinwegzufegen«. »Die schwarzen Teufel haben wieder eine tolle Jagd hinter sich«, hieß es in einem typischen Bericht einer Tageszeitung aus jener Zeit:

»Zum zweiten Male in vier Wochen sind sie aus dem Zentrum des deutschen rechten Flügels herausgebrochen, haben sie mit kurzen, vernichtenden Hammerschlägen die Front der Alliierten niedergestoßen, niedergewalzt, sind sie erneut tief nach dem Süden vorgestürmt, um dann – ähnlich wie bei Amiens und Abbéville – nach einem phantastischen Flankenmarsch bei St. Valéry ein neues Sedan zu schlagen und zu gewinnen.«

Bald trat auch der Befehlshaber der 7. Panzerdivision ins grelle Licht der Propaganda. Sein Führungsstil fügte dem Blitzkrieg der Panzer und Sturzkampfbomber, und damit der Schlagkraft, mit der Unkalkulierbarkeit seiner Attacken, eine weitere Komponente hinzu. Die Propaganda-»Macher« assoziierten dieses mit einem Szenarium aus der Welt der Geister. Rommels

Divison erhielt den Beinamen »Gespenster-Division«, unheimlich für den Gegner, geführt mit »gespenstischem Draufgängertum«. In der Nacht oder im diffusen Morgenlicht vorstoßend, unvorhersehbar und unfaßbar weit hinter den feindlichen Linien erscheinend, das alles in »unwirklich anmutender Schnelligkeit und Wendigkeit«, so las man von der »gespenstischen« 7. Panzerdivision und ihrem Kommandeur in den Zeitungen. Ein Vers von insgesamt neun in einem schwäbischen Blatt abgedruckten Strophen einer Kradschützenkompanie hieß in Anlehnung an Hans Albers' *Auf der Reeperbahn nachts um halb eins*:

»Auf der Rommelbahn nachts um halb drei, jagen Geister mit achtzig vorbei, Rommel selbst voran, jeder hält sich ran, auf der Rommelbahn nachts um halb drei.«

Zunehmend widmete sich jetzt die Propaganda der Person Rommels. Besondere Charaktermerkmale wurden mit diesem in Zusammenhang gebracht. So war über ihn zu erfahren, daß »der Lebensspruch des Führers ›Was mich nicht niederwirft, macht mich nur stärker‹« auch »der Kampfruf dieses Seydlitz (war), der hier führte, und seiner tollkühnen Schar«. Rommel erschien in den Berichten als hart gegen sich selbst und unerbittlich in der Jagd auf den Gegner. »Den Rest, der noch an Rettung dachte, erledigte der General selbst. An der Spitze seines Panzertrupps holte er sich seine Gefangenen persönlich, grimmig lächelnd.« Sein Führungsstil war nicht derjenige, den man »im Westen die altklassische Schule« nannte. Nein, er entsprach der »revolutionären Strategie« des Blitzkrieges. Um Rommels Kampfführung vor dem Hintergrund der bisher gültigen Regeln des Kriegshandwerks zu charakterisieren, wurden sogar neue Begriffe eingeführt. »Rommeln« nannte man zum Beispiel von nun an das waghalsige Vorstoßen in die Tiefe des Raumes, das die statische Kriegskunst des Gegners so sehr aus dem Konzept brachte.

Zu den propagierten Charaktermerkmalen Rommels gehörte freilich auch ein dem Idealtyp des modernen Generals adäquates Erscheinungsbild. Sein Porträt, ob gezeichnet oder als Fotografie, prangte schon während des Westfeldzuges in Zeitungen und Zeitschriften. Kriegsberichterstatter interpretierten es:

»Sein Kopf zeigte eine hohe, ebenmäßige Stirn, eine kräftige, energische Nase, vortretende Backenknochen, einen schmalen Mund mit festen Lippen über einem Kinn von gefährlicher Willenskraft. Die harten Falten um Nüstern und Mundwinkel wurden durch einen Zug gleichsam lächelnder Verschmitztheit gemildert. Auch seine klaren und blauen Augen, kühl im wägenden Blick, durchdringend und scharf, verrieten jenes Listige, das diesem Mann eignete und, brach es durch, seinen Colleonikopf mit schöner Wärme belebte.«

Bald wurden auch Parallelen zwischen dem Kompaniechef des Ersten Weltkrieges und dem Divisionskommandeur des Zweiten Weltkrieges in den Berichten der großen und kleinen Presse des Reiches hergestellt. »Ein Draufgänger beinahe noch mehr als vor zwanzig Jahren«, schrieb Rommels Weltkriegskamerad und späterer Adjutant Aldinger in dem kleinen Nachrichtenblatt des ehemaligen württembergischen Gebirgsregiments. *Der Gebirgler* feierte »seinen Rommel« in großer Aufmachung auf der ersten Seite. Unter der Schlagzeile »Es gibt nur einen Rommel...« standen dort Aldingers Worte: »Ihr hättet ihn sehen müssen, aufrecht stehend in einem Kommandowagen, oft ganz allein auf weiter Flur.«

Stolz waren auch die Bürger in Rommels Geburtsort Heidenheim. Von den örtlichen Parteifunktionären organisiert, überraschte der Oberbürgermeister die aus der Stadt stammenden Soldaten zum Weihnachtsfest 1940 mit einem Päckchen, das neben Fichtenzweig, Zigarren und Magenbrot ein vom »wohlbekannten Künstler Wolf Willrich« gemaltes farbiges Postkarten-Porträt des schneidigen Generalmajors enthielt, gedacht als Motivation für das nun schon beginnende dritte Kriegsjahr. Der Postkarte war ein weihnachtliches Propagandaschreiben mit dem Auszug eines Briefes beigelegt, dessen allzu vordergründiger Text am Beispiel Rommels die von jedem Soldaten erwartete Tapferkeit und Kühnheit einforderte.

»Und nun meinen herzlichen Dank für die Karte von Rommel. Das ist unser General, wie er leibt und lebt. Hart und unerbittlich gegen sich selbst und seine Leute, aber ein ganzer Kerl und guter Kamerad. Mit diesem Gesicht knallte er mit der gerade einzig verfügbaren Waffe, einer Leuchtpistole, einem französischen

Panzer den Leuchtsatz zwischen den Sehschlitz, und der Panzer machte kehrt. (...) Das ist Rommel, ›unser Rommel‹! Nun habe ich eine Bitte, kann ich für meine anderen Kameraden (...) auch je eine Karte haben?«, fragte ein Landser beim Absender des Weihnachtspäckchens nach.

Ein »begnadeter Heerführer«, der an der Spitze einer schlagkräftigen Division im Gefüge einer siegreichen Wehrmacht stand, die Frankreich innerhalb nur weniger Wochen gleichsam überrollt hatte, eignete sich auch vortrefflich für einen großen abendfüllenden Propagandafilm. Goebbels Ministerium schaltete sich unmittelbar nach Beendigung der Kampfhandlungen ein. Noch im August 1940 wurden die Dreharbeiten zu dem Film *Sieg im Westen* an Originalschauplätzen begonnen und auch abgeschlossen. Man scheute weder Kosten noch Mühen, »um zu zeigen, wie es wirklich war«. Rommel, den Propagandaminister Goebbels persönlich zur Mitwirkung hatte gewinnen können, agierte bestimmend vor und hinter den Filmkameras. An der Spitze seiner »Gespenster-Division« überquerte er als Hauptdarsteller noch einmal die Somme und stieß noch einmal zum Kanal vor. Allzu gewollt lamentierende Statisten – es waren französische Kriegsgefangene – wies der »Schauspieler« Rommel dabei in die wirklichkeitsnahe Darstellung der Gefühle soeben Besiegter ein.

Anfang Februar 1941, ein Jahr nach der Premiere des Films über den Einsatz der deutschen Luftwaffe im Polenfeldzug, wurde *Sieg im Westen* im Berliner Ufa-Palast uraufgeführt. Vor dem Lichtspielhaus wurden die Hakenkreuzbanner und Reichskriegsflaggen schon am Tag zuvor aufgezogen. Ein verstärktes Heeres-Musikkorps spielte auf, als sich die Spitzen von Wehrmacht und Partei zu diesem Großereignis ihr Stelldichein gaben. Als das Leinwandspektakel auch in den übrigen Kinos der Reichshauptstadt anlief, drängten sich die Menschen an den Kassen.

Der Kommandeur der 7. Panzerdivision, gemalt von Wolf Willrich im Jahre 1940.

Ein moderner Lettow-Vorbeck

Rommel sah den Film wenige Wochen später, Anfang März
1941, in kleinerem Rahmen. Er hatte dazu einige Gäste eingela-
den. Es waren italienische Offiziere, die er mit der Bemerkung
begrüßte, eines Tages werde man einen Film mit dem Titel *Sieg in
Afrika* sehen können. Schauplatz dieser Szene war ein Offiziers-
kasino in Tripolis, der Hauptstadt von Italiens nordafrikanischer
Kolonie. Dorthin hatte Hitler, wie schon berichtet, seinen General, der ins Bewußtsein der Deutschen einzudringen begann,
samt einem Truppen- und Panzerkontingent im Februar 1941
entsenden müssen.

Rommel und das besondere »Flair« Afrikas wurden nunmehr
von der Propaganda zur Steigerung der Popularität des – im nationalsozialistischen Sinne – idealtypischen Panzergenerals miteinander verknüpft. Die kolonialen Reminiszenzen, die sich mit
Afrika verbanden, ließen Rommel in den Augen vieler Deutscher
als einen neuen Lettow-Vorbeck, den ehemaligen Kommandeur
der Schutztruppe in Deutsch-Ostafrika, erscheinen. Doch das
war es nicht allein. Mit ihrer Entsendung nach Tripolis hatten
die deutschen Truppen ihren Fuß auf einen anderen Kontinent
gesetzt. Afrika symbolisierte nicht zuletzt auch die gewaltige
Ausdehnung des deutschen Machtbereiches. Die Wochenschauen setzten dies um in zugleich romantische, aber auch dy-
namische Bildsequenzen. Bilder von sich im Winde biegenden
Palmen und weißen, sich dem wolkenlosen Himmel entgegen-
streckenden Minaretten wechselten ab mit solchen von in der
Weite der Wüste dahinziehenden Kamelherden. Aufnahmen von
auf Panzerblechen brutzelnden Spiegeleiern, die freilich erst mit
einem Schweißbrenner zum Braten gebracht wurden, vermittel-
ten die Illusion eines großen Abenteuers im Stile derer, die Karl
May erzählt hatte. Den Kontrast dazu bildeten die zum antrei-
benden Rhythmus des eigens geschaffenen Afrika-Liedes in
Staubwolken eingehüllten gen Ägypten brausenden Panzer des
Deutschen Afrika-Korps. Allen voran: General Rommel im
Brennpunkt des Geschehens. Ob im offenen Wagen an der Spitze
seiner Panzerdivision, in Feldherrnpose gegen den Himmel ge-

filmt, Artillerieduelle beobachtend, den Feldstecher in der Hand, am Kartentisch neue Angriffsziele erläuternd oder zerschossene britische Panzer inspizierend.

Nicht nur die Wochenschauen, sondern auch die schreibenden Kriegsberichterstatter entwarfen ein exotisch-farbiges, zwischen Idylle und heroischem Klischee sich bewegendes Afrikabild. Von der »betäubenden Glut« der ewig wolkenlosen Tage, dem brausenden Sandsturm Ghibli und einer während des Frühlingsmonats in den buntesten Farben blühenden Wüste war da die Rede. Kitschig-lyrisch muten die Beiträge des Kriegsberichterstatters Esebeck an, der Rommel jahrelang begleitete:

»Die Sonne stand im Dunste der Morgenwolken als milchige Scheibe am Horizont und hob das Land langsam aus der Verzauberung der Nacht. An der abseits liegenden Straße, über sanfte Hügel wie ein breiter glänzender Schuhriemen ausgestreckt, lag das Kastell von el Agheila, ein Turm, klobig, dick, von Mauern aus Lehm und Ziegeln eingefaßt, als sei es (...) einem Märchen aus Tausendundeiner Nacht entnommen. Fern in der Wüste spielten Staubfahnen im Morgenwind, und die Farbe der unendlichen Ebene wechselte vom Grau des ersten Lichtes zum Gelb des Tages über, in Myriaden funkelnder Tautropfen plötzlich aufblitzend, in denen die Umrisse der niedrigen Kameldornbüsche sich wie Tintenkleckse ausnahmen. Unmerklich hatte sich der Himmel in tiefes Blau getönt und jetzt erglänzten die Ränder des fernen Dschebel im Strahlenglanz der befreiten Sonne.«

Und schließlich immer wieder zur Einheit mit jenem Szenarium verschmolzen: Rommel. Findige Propagandaspezialisten wußten selbst dafür eine Erklärung, denn unter den mehr als achtzig verschiedenen Bezeichnungen, die die arabische Sprache für den Begriff »Sand« kennt, wollten sie auch das alt-arabische Wort »Rommel« gefunden haben.

Aus Nordafrika, dem einzigen nach der Niederlage Frankreichs verbliebenen Landkriegsschauplatz sollten die Kriegsberichterstatter schon Ende März Gewohntes über Rommel zu berichten haben. Der Panzergeneral stieß an der Spitze seiner schwachen Verbände nach Osten vor. Bedeutungsschwer verglich Rommel den Kampf um Tobruk, den Kampf im »karthagischen Sand« mit dem Hannibals gegen die Römer in der Schlacht bei Cannae. Er, der Wüstenneuling, war zweitausend Jahre später angetreten, den Briten ihr Cannae zu bereiten. Die Presse der ganzen Welt spreche von seinem Erfolg, schrieb Rommel im April 1941 an seine Frau, während sich die Schlacht um die Festung allmählich zum Desaster ausweitete, weil die Kräfte des Deutschen Afrika-Korps für derartig weiträumige Operationen nicht vorgesehen waren und daher nicht ausreichten.

Der Kompaniechef eines Panzerregimentes berichtete vom immer wieder befohlenen Anrennen auf Tobruk:

»Endlos erscheint die Zeit, bis wir uns zur Einbruchstelle zurückgekämpft haben und dahinter langsam aus dem Feuer herauskommen. Unter den zurückgekehrten Kampfwagen ist nicht einer, der nicht erhebliche Narben mitgebracht hat. Erschüttert stellen wir fest, wie viele von unseren Kameraden fehlen. Die Verluste sind grauenvoll. Manche Träne zeichnet ihre Spur in graue, verstaubte Gesichter... Unsere alten Weltkriegsteilnehmer behaupten, sie hätten nie einen schwärzeren Tag erlebt.«

Derselbe Offizier schrieb weiter, daß sich nur wenige in der Heimat angesichts der gefärbten Berichte der Propagandakompanien ein Bild machen konnten, das auch nur annähernd der Wahrheit entsprach. Jeder Tag in Afrika war ein Kampf gegen die Widrigkeiten dieses Landes. Wenn kein Sandsturm blies, quälten den Landser Fliegenschwärme und trostlose Eintönigkeit. Am schlimmsten war die Hitze. Eisenteile wurden so heiß, daß man sie nicht anfassen konnte.

»Später in der Heimat sah ich in einer Wochenschau, wie Soldaten auf dem sonnendurchglühten Panzer Spiegeleier brieten. Die Freude der Zuschauer darüber war groß; so gut haben die es da unten, dachte jeder. Ich hätte vor Zorn brüllen mögen! Woher sollen wir die Eier nehmen und vor allem das Fett.«

Überhaupt sei die Ernährung eines der traurigsten Kapitel gewesen. Brot, ledernes Rindfleisch in Büchsen, oder Ölsardinen und Trockengemüse; Tag für Tag, Woche für Woche, Monat für Monat dasselbe.

»Alles wahrlich keine geeigneten Fotoobjekte für Kriegsberichter! Also bekommt ihr Bilder von Palmenhainen, Oasen, Kame-

len, Eseln, Arabern oder Bilder aus Tripolis, Benghasi oder
Derna vorgesetzt und meint das sei unsere Welt.«

Genau dies geschah in jenen Frühjahrsmonaten des Jahres
1941. Die erste Krise der Wehrmacht seit Kriegsbeginn wurde mit
schönen Bildern und dem Gerede von großen Erfolgen vertuscht.
Die enormen Geländegewinne, die im Wüstenkrieg weniger be-
deuteten, machten dies leicht, denn Rommel war fast eintausend
Kilometer vorgestoßen.

Manch einer hielt aufgrund des von der Propaganda gezeichne-
ten Bildes die Zeit bereits für gekommen, Rommel ein »biographi-
sches Denkmal« zu setzen. »Ich möchte ein Werk von bleibendem
Wert schaffen, das den Typus des jungen Generals unserer Zeit
zeigt, ihn als Vorbild der kommenden Generation hinstellt und so
immer wieder einen Ausgangspunkt soldatischer Begeisterung
und Erhebung schafft«, lautete das Angebot eines Obersten an
den Vielgerühmten. Auch im Ausland wurde man allmählich auf
Rommel aufmerksam und verlangte nach detaillierten Informationen über den Mann, der nach der Krise vor Tobruk durch
geschicktes Taktieren die Lage konsolidiert und den Briten bei
Sollum an der ägyptischen Grenze Mitte Juni 1941 während einer
dreitägigen Panzerschlacht eine empfindliche Niederlage zuge-
fügt hatte. Das Propagandaministerium in Berlin kam diesem
Wunsch gerne nach. Es ließ einen stilgerechten nationalsozialistischen Lebenslauf Rommels erdichten, den die Wochenzeitung
Das Reich im April 1941 abdruckte. Rommel erschien darin als ein
Arbeitersohn, der nach dem Ersten Weltkrieg die Armee verlassen
habe, um an der Universität Tübingen zu studieren. Als einer der
ersten SA-Führer habe er das nationalsozialistische Gedankengut
aus seinem persönlichen Verhältnis zu Hitler empfangen.

Als Rommel, der inzwischen die Verehrerbriefe waschkörbe-
weise erhielt, seine Lebensgeschichte in Afrika las, war er verärgert darüber, wie eigenmächtig die Propaganda von seiner Person
Besitz ergriffen hatte, sah aber nicht, daß er nur deren Objekt war.
Hatte er bisher nur davon profitieren können, so offenbarte sich
ihm hier die Kehrseite seiner totalen Vermarktung. Ärgerlich vermerkte er groß am Rand des Artikels »Unsinn«. Sein Adjutant
erwähnte diese Begebenheit in einem Brief an Lucie Rommel vom

April 1941. Er teilte ihr mit, er habe in dieser Angelegenheit bereits mit Berndt, dem Kontaktmann zum Propagandaministerium, gesprochen. Ganz Deutschland wisse von den großen Verdiensten Rommels, und es gebe keinen Grund, unwahre Aussagen über ihn zu verbreiten. Rommel wurde jedoch auch selbst aktiv. Ebenso geradlinig wie arglos fragte er beim Propagandaministerium in Berlin an, was man sich dort bei dem Artikel gedacht habe. Die Antwort verwies auf den Verfasser des Artikels, einen gewissen Tschimpke, der bereits ein Buch über die 7. Panzerdivision im Westfeldzug und mehrere Zeitungsberichte über Rommels Afrika-»Expedition« verfaßt hatte. Rommel wandte sich empört an Tschimpke. Dieser verwahrte sich in seinem Antwortschreiben gegen die Urheberschaft an der biographischen Fälschung, fragte aber gleichzeitig beim Propagandaministerium an, warum man ihn in diese prekäre Lage gebracht habe. Später antwortete ihm ein Dr. Meißner von der Presseabteilung der Reichsregierung, Abteilung Auslandspresse. Dieser vertrat darin die Auffassung, daß das in dem betreffenden Artikel über Rommel Gesagte dem Ruf dieses ausgezeichneten Mannes doch unmöglich schaden könne. Es werde im Gegenteil seine Popularität im Ausland noch steigern. Bezeichnend für die Rolle des Propaganda-Objektes Rommel war die abschließende zynische Bemerkung Meißners, daß es vielleicht vom propagandistischen Standpunkt aus gut gewesen wäre, wenn Rommels tatsächliche Karriere den Angaben im *Reich* entsprochen hätte. In Wirklichkeit gehörte Rommel weder der SA noch der NSDAP jemals an.

Goebbels kümmerte dies freilich alles nicht. Er ließ in jenem Frühjahr 1941 den Namen »Rommel« der Bevölkerung, die er voller Verachtung als eine beliebig manipulierbare Masse behandelte, als Synonym für die Unbesiegbarkeit der deutschen Wehrmacht in Bild und Ton förmlich »einhämmern«. Afrika und Rommel – der »Herr des Wüstenkriegs«, wie ihn der Kriegsberichterstatter von Esebeck zu nennen pflegte – wurden allmählich zu austauschbaren Begriffen.

Das Ablenkungsmanöver

Nach schlagzeilenarmen Sommermonaten war Rommels Erwähnung im *Völkischen Beobachter* als »vorbildliche soldatische Erscheinung eines revolutionären Volkes« anläßlich seines fünfzigsten Geburtstages am 15. November 1941 – begleitet von einem Bild, das ihn mit Tropenhelm zeigte – der Auftakt einer neuerlichen Propagandakampagne um den General, deren Zielsetzung sich jetzt allerdings geändert hatte. Vom Spätherbst 1941 an verfolgte die nationalsozialistische Propaganda mit der Hervorhebung Rommels auf dem afrikanischen Kriegsschauplatz vor allem den Zweck, von der prekären Situation an der entscheidenden russischen Front abzulenken.

Mit dem Feldzug, der am 22. Juni 1941, einen Tag vor dem Jahrestag von Napoleons Einmarsch im Jahre 1812, begonnen hatte, war der gesamte Propagandaapparat auf Rußland konzentriert worden. Den allgemein erwarteten schnellen Sieg über die Sowjetunion wollte Goebbels zum großen Propagandaspektakel machen. Trotz aller Sympathien für Rommel war daher während der ersten Wochen des »Unternehmens Barbarossa«, als sich die hochgespannten »Blitzkriegs«-Erwartungen zu erfüllen schienen, der afrikanische Kriegsschauplatz in den Hintergrund getreten. »Im Moment sind wir nur Stiefkinder und müssen das Beste daraus machen. Macht nichts, sie machen gute Fortschritte in Rußland und unsere Zeit wird wieder kommen«, schrieb Rommel Ende September 1941 an seine Frau. Anfang Dezember, als der russische Winter begonnen hatte und die Sowjets zu gewaltigen Gegenoffensiven angetreten waren, wurde auch im Propagandaministerium klar, daß die Kalkulation des deutschen Oberkommandos nicht aufgegangen war. Das Interesse des sorgenvoll auf die Schlachtfelder Sowjetrußlands blickenden deutschen Volkes mußte daher umgelenkt werden. Die Katastrophe, die über das deutsche Ostheer hereinbrach, verlangte nach Kompensation. Was konnte für die Propagandastrategen zu diesem Zeitpunkt näher liegen, als den Krieg an der eiskalten russischen Front mit den Kampfhandlungen im heißen Afrika zu kontrapunktieren.

Am 28. November 1941 riet Goebbels, der schon kurz zuvor den

Umfang der Berichterstattung über Rommels fünfzigsten Geburtstag für zu gering erachtet hatte, den Generalen Keitel und Jodl vom Oberkommando der Wehrmacht »dringend«, den etwas aus dem Blick der Öffentlichkeit geratenen Rommel »zu einer Art von Volkshelden zu erheben«. Das Heer hätte es unbedingt nötig; Luftwaffe und Marine hätten auch ihre Helden, meinte Goebbels. Die Generale zeigten sich notgedrungen mit diesem Vorschlag des mächtigen Propagandachefs einverstanden; »außerordentlich« einverstanden sogar, wie es Goebbels in sein Tagebuch notierte.

Bevor die Propagandamaschinerie wieder auf Afrika und damit auf Rommel konzentriert werden konnte, galt es jedoch abzuwarten, denn Mitte November 1941 waren die Briten dort überraschend zur Großoffensive angetreten. Im Verlauf der Schlachten, die die britische Propaganda mit denen von Blenheim und Waterloo verglich, wurde Rommel, dem ein geordneter Rückzug gelang, bis zur Jahreswende 1941/42 in die Ausgangsstellung an der Großen Syrte westlich von El Agheila zurückgedrängt. Doch Rommels Truppen verharrten nicht lange dort, wo sie wenige Monate zuvor aufgebrochen waren, um Ägypten zu erobern. Schon im Januar 1942 machte er sich wieder daran, das soeben verlorene Terrain zurückzuerobern. Die Propaganda konnte endlich »umschwenken«.

Nicht nur die Wochenschauen berichteten jetzt wieder in zunehmendem Maße aus Nordafrika. Gekonnt suggerierten die Filme Rommels Vormarsch eine Bedeutung, die ihm gar nicht zukam. Wie wichtig der Nebenkriegsschauplatz jetzt von den Deutschen genommen werden sollte, zeigte nicht zuletzt auch die besondere Aufbereitung dieser Wochenschauen. Während den Berichten von den Fronten im Westen und – von Juni 1941 an – im Osten jeweils nur Übersichtskarten vorangestellt wurden, kündigte den im Vergleich dazu von seiner Bedeutung her nachgeordneten Kriegsschauplatz Afrika ein gleichnamiger Schriftzug in großen weißen Lettern auf dem Hintergrund des gesamten schwarzen Kontinents an. Was dem Vorspiel folgte, war die zweite Runde der Verklärung des Panzergenerals samt seiner afrikanischen Mission.

Schreibende Kriegsberichterstatter verwoben die Gestalt Rommels bereits jetzt mit dem Mythischen:

»Im dämmrigen Raum stand er plötzlich vor mir, ein Komet, immer auf großer Bahn, in wichtigem Auftrag, (...) von heiligem Eifer durchglüht.(...), die zu große Nähe der Wirklichkeit hindert, solches Ereignis zu fassen, umzuformen in Gleichung oder Gleichnis, daß es groß und erschütternd in die Hirne und Herzen springt als unsterblicher Mythos. So exemplarisch seine Persönlichkeit und seine Tat vor uns steht, noch fehlt die Religion eines neuen, allgemein gültigen Maßes, dem diese Figur polykletisch sozusagen, wie ehedem, in das Maß heiliger Geometrie eingefügt werden könnte«, hieß es in der *Schwäbischen Zeitung*.

Selbst die Zeitschrift der im Mittelmeer eingesetzten deutschen Luftflotte, *Adler im Süden*, widmete dem »großen General« eine Titelgeschichte. Dies geschah freilich erst auf Goebbels Direktive hin, denn beim Stab dieser Luftflotte war man nicht gut auf Rommel zu sprechen, weil er die Erfolge, die mit Hilfe der Flieger erkämpft worden waren, allein auf sein Konto verbuchte. In dem Artikel wurde eine Kontinuität zwischen Rommel und den großen Heerführern der Vergangenheit hergestellt. »Was wäre Sedan ohne Moltke, Tannenberg ohne Hindenburg, Waterloo ohne Blücher und Gneisenau, (...), was wäre der Kampf in Nordafrika ohne die glänzende Fechterkunst des Generalobersten Rommel?« In diesen Kreis preußischer Militärgrößen wurde er gehoben und und schließlich zum »Vollstrecker des Willens der Geschichte« gemacht.

Bis zum Jahreswechsel 1941/42 war Rommel auch in der britischen Öffentlichkeit der bekannteste deutsche General geworden, dem man eine gewisse Anerkennung nicht versagte. Schon während seines Rückzuges hatte Rommel der englischen Presse Lob und fast tägliche Schlagzeilen abgerungen. Der Kriegsberichter des *Daily Express*, Alan Moorehead, schrieb:

»Aber diese Rückzüge muß man einmal gesehen haben. Immer wieder waren sie mit tödlich scharfen Gegenangriffen durchsetzt, und fliegende Tankkolonnen sperrten dauernd unseren Vormarsch. Die Behauptung, daß die Deutschen, wenn sie einmal sich zurückzögen, bereits geschlagen seien, ist ein gefährlicher Unsinn. Es ist den britischen Truppen sehr schlecht damit gedient, wenn man einen derartigen Unsinn auch heute noch wiederholt. Der Generalstab Rommels hat nie den Fehler begangen, uns zu unterschätzen.«

Auch Auchinleck selbst, der General Wavell als Oberbefehlshaber der britischen Mittelost-Streitkräfte im Juni 1941 nach dessen Niederlage bei Sollum abgelöst hatte, fand in seinen Berichten anerkennende Worte für den Gegner, der sich bietende Vorteile »in glänzender Manier« nutze. Daß es Rommel trotz eines heftigen Sandsturmes um Agedabia zum wiederholten Male gelang, der Umklammerung durch die britischen Streitkräfte zu entgehen, wurde »mit Nachdruck« hervorgehoben. In England hatte nicht so recht Siegesstimmung aufkommen wollen. Statt dessen begannen die britische Generalität und die dortige Presse, Goebbels Helden-Konzeption zu fördern.

Ein Übermensch?

So verwunderte es denn auch nicht, daß schon zwei Tage nach Beginn der Rommelschen Offensive im Januar 1942 die Nachrichtenagentur *United Press* aus London meldete: »Man gibt zu, daß General Rommel wieder einmal einen Beweis seiner Kunst der Kriegführung erbracht hat.« Am Tag darauf schrieb General Auchinleck Premierminister Churchill, daß der Feind seinen Vormarsch »unerwarteterweise« habe fortsetzen können und dieser die eigenen vorgeschobenen Kräfte vorübergehend in Unordnung gebracht hätte.

»Wieder einmal ist Rommel ein kühner Schachzug gelungen«, meinte Auchinleck. Churchill antwortete ratlos fragend: »Die Meldung der 8. Armee, in der von der Räumung Benghasis und Dernas die Rede ist, beunruhigt mich sehr. Man hat mir bestimmt keine Veranlassung gegeben, mit dem Entstehen einer solchen Situation zu rechnen. Mir scheint, wir befinden uns in einer ernsten Krise, mit der ich keineswegs gerechnet habe. Warum ziehen sich alle so schleunigst zurück?«

Kurz darauf meldete die Nachrichtenagentur *Reuter*, daß nach

Angaben militärischer Kreise die Initiative in Libyen in die Hände von Rommel übergegangen sei. Im britischen Unterhaus mußte Churchill nun Erklärungen dafür finden, warum dieser Rommel die als geklärt angesehene Lage in Nordafrika so schnell wieder habe zu seinen Gunsten wenden können. Daß die Decke für die Empire-Truppen zu kurz war – starke britische Verbände hatten nämlich infolge des japanischen Kriegseintrittes in den ostasiatischen Raum verlegt werden müssen –, wollte Churchill freilich nicht öffentlich eingestehen. Um die britischen Niederlagen in Nordafrika zu rechtfertigen, stilisierte daher auch er den deutschen General zu einem regelrechten Übermenschen empor. Man habe es mit einem »äußerst kühnen und geschickten Gegner zu tun, einem großen Feldherrn«, wenn er das »über die Schrecken des Krieges hinweg« sagen dürfe, meinte Churchill vor dem britischen Unterhaus und schuf damit das Fundament für die Popularität Rommels auch bei seinen Feinden.

Die Vereinigten Staaten, denen Hitler am 11. Dezember 1941 den Krieg erklärt hatte, nahmen inzwischen ebenfalls Notiz von dem »Lausbub unter den Generalen«, wie ihn ein amerikanischer Rundfunkkommentator nannte. Viele große Soldaten, große Führerpersönlichkeiten und Kommandeure hätten die Kampfhandlungen in Nordafrika hervorgebracht, hieß es dort. Und weiter: Wenn das ganze große Drama aber einen einzigartigen Helden habe, müsse es Rommel sein. Auch von der außerordentlichen, nahezu mythischen Ausstrahlung des deutschen Panzergenerals auf den Gegner war in den Vereinigten Staaten die Rede: »Die britische 8. Armee vergötterte ihn. Sie bewunderte ihn, weil er sie schlug, und wenn sie ihn schlugen, so wunderten sie sich selbst, einen so fähigen General geschlagen zu haben«, analysierten die Beobachter von der anderen Seite des Atlantiks.

Keinen Dienst erwies die von Churchill geförderte Publicity Rommels in den westlichen Medien der in der nordafrikanischen Wüste kämpfenden Empire-Truppe. Allein schon der Name Rommel übte bei ihr inzwischen eine verheerende Wirkung auf die Moral der Soldaten aus. Rommel wurde zu einem psychologischen Problem für sie. Offenbar litt die Kraft der Soldaten darunter so sehr, daß General Auchinleck sich veranlaßt sah, dem energisch entgegenzusteuern. Er verfaßte ein Rundschreiben an alle Leiter und Chefs der Stäbe, das in seiner Offenheit ebenso beeindruckend wie bezeichnend für die geistig-psychologische Atmosphäre auf dem nordafrikanischen Kriegsschauplatz zu Beginn des Jahres 1942 war. Darin hieß es, es bestehe die wirkliche Gefahr, daß »unser Freund Rommel« zu einer »Art Zauberer oder Kinderschreck für unsere Truppen« werde, denn sie sprächen zuviel von ihm. Er sei auf keinen Fall ein Übermensch, obgleich er wirklich sehr energisch und fähig sei.

»Aber selbst wenn er ein Übermensch wäre, bleibt es höchst unerwünscht, daß unsere Leute ihm übernatürliche Kräfte zuschreiben. Ich fordere Sie auf, mit allen zur Verfügung stehenden Mitteln die Auffassung aus der Welt zu schaffen, daß Rommel irgend etwas mehr darstellt als einen gewöhnlichen General, und zwar einen sehr unangenehmen, wie wir aus dem Munde seiner eigenen Offiziere wissen. Die Hauptsache ist jetzt, dafür Sorge zu tragen, daß nicht immer von Rommel gesprochen wird, wenn wir den Feind meinen. Wir müssen auf ›die Deutschen‹ Bezug nehmen oder auf ›die Achsenstreitkräfte‹ oder auf ›den Feind‹, nicht aber immer betont von Rommel sprechen. Es ist darauf zu achten, daß dieser Befehl unverzüglich befolgt wird und allen Kommandeuren ist nahezulegen, daß diese Angelegenheit vom psychologischen Standpunkt aus besonders wichtig ist.«

Auchinleck schloß sein Rundschreiben mit der vielsagenden Bemerkung, er sei nicht eifersüchtig auf Rommel.

Dieser war unterdessen begeistert von der weltweiten Bewunderung, die ihm zuteil wurde. Einer Gallup-Umfrage zufolge war er 1942 im Ausland der bekannteste Deutsche neben Hitler. Dies schmeichelte seiner Eitelkeit. »Die Meinung der Weltpresse über mich hat sich sehr gebessert«, schrieb er im Januar 1942 an seine Frau. Auch Propagandaminister Goebbels konnte zufrieden sein. Voller Genugtuung notierte er Anfang Februar 1942 in sein Tagebuch:

»Rommel ist weiterhin das erklärte Lieblingsobjekt selbst der feindlichen Nachrichtendienste. Er hat es zu einem wirklichen Geistergeneral gebracht. Er ist heute in den USA genau so populär wie in London und Berlin, eine der wenigen Figuren aus dem deutschen Heer, die Weltruf genießen.«

Über den amerikanischen General MacArthur sagte er, dieser werde in den Vereinigten Staaten immer mehr zu einem Filmgeneral emporgelobt.

»Ich lasse diesen Herrn durch unsere Propagandadienste etwas entblättern. Die Amerikaner sind bestrebt, ihn zum größten General des Krieges emporzuloben. Dabei hat er in Wirklichkeit nichts anderes an Heldentaten und Leistungen aufzuweisen als einen verhältnismäßig kurzen Widerstand auf Corregidor und eine unrühmliche Flucht. Was würden die Amerikaner erst machen, wenn sie über einen Dietl oder einen Rommel verfügten!!! Man kann daraus ersehen, wie bescheiden wir eigentlich noch in unseren propagandistischen Tendenzen sind...«

Wie sehr Goebbels an die Wirksamkeit der »Waffe« Propaganda glaubte, zeigt seine Feststellung, daß die Angst vor Rommel in Großbritannien allgegenwärtig sei. Man sehe in diesem General schon eine Art von Sagenfigur. Daß es ihm gelungen sei, einen Teil der Briten nahezu einzuschließen, mute ja fast wie ein Wunder an. Man sehe also, was die Initiative, der Mut und die Phantasie eines Troupiers am Ende doch auch unter ungünstigsten Verhältnissen vermögen.

Der unter kräftiger Mitwirkung des Auslands entfachte Propaganda-Rummel um Rommel ermutigte diesen zweifellos, seine Ziele noch weiter zu stecken. Auch im Reich begann sich Anfang 1942 der dem General vorauseilende Ruf zu verselbständigen. Der Reichspressechef und Staatssekretär im Propagandaministerium, Dietrich, sah sich daher veranlaßt, in einigen sogenannten »Tagesparolen« – dies waren täglich von Hitler gebilligte Sprachregelungen, die verbindlich vorschrieben, wie die Nachrichten von der Front wiederzugeben waren – die sich inzwischen quasi automatisch mit dem Namen Rommels verbindende Dynamik zu »bremsen«. Ende Januar 1942 verfügte er, »in der innerdeutschen Propaganda schärfstens darauf zu achten, daß keinerlei falsche Hoffnungen in militärischer Hinsicht erwartet werden«. Dies gelte zum Beispiel für die an sich so günstige Entwicklung in Libyen, die aber nicht so dargestellt werden dürfe, als ob man vorhätte, die Cyrenaika zurückzuerobern. Anfang Februar schon hatte Rommel dies tatsächlich geschafft. Er hatte »wieder ein Kaninchen aus dem Hut gezaubert«, wie es ein amerikanischer Rundfunkreporter Anfang Februar 1942 ausdrückte. Die Pressewellen schlugen weiter hoch. Die angesehene Londoner *Times* machte Rommel zum Gegenstand eines Leitartikels, und der *Observer* widmete ihm eine biographische Skizze. Während der Hochgelobte im Frühjahr 1942 in seinen Stellungen verharrte, blieben ihm die Kriegsberichterstatter immer auf der Spur. Ob »In den Bunkern vor Tobruk« oder »mit General Rommel auf Spähtrupp« – alle Berichte wurden, teilweise in Fortsetzungsgeschichten in Tageszeitungen und Illustrierten, vielfach bebildert, immer in großer Aufmachung veröffentlicht.

Obwohl die Cyrenaika mit den Hafenstädten Benghasi und Derna für die »Achse« zurückgewonnen war, sah sich der Reichspressechef ein weiteres Mal gezwungen, zur Zurückhaltung zu mahnen. Man dürfe sich keinesfalls einer »Treibhausstimmung« über die Erfolge in Afrika hingeben. In der Presse müsse ruhig und »sachlich« die Lage dargestellt werden. Man dürfe nicht den Fehler begehen, dem Volke Ziele vor Augen zu stellen, die nicht zu erreichen seien. Im Zusammenhang mit der Wiedereroberung der Cyrenaika verbot er, »das Wort ›Suezkanal‹ in der Presse überhaupt zu bringen«. Offensichtlich lag dieser Anweisung das Bemühen zugrunde, dem in der Presse weit verbreiteten Optimismus entgegenzusteuern, Rommel würde an der empfindlichen Flankenstellung der Achsenmächte »selbst übermenschliche Aufgaben lösen« und den Briten Ägypten nehmen können, wie es eine Marine-Frontzeitung erwartete.

Genau dies wollte Rommel, als er Ende Mai 1942 seine entscheidende Offensive zur Eroberung Ägyptens begann. Knapp einen Monat später, am 21. Juni, fiel das im Vorjahr monatelang hart umkämpfte Tobruk, der »Meilenstein«, die vermeintlich letzte Bastion auf dem Weg nach Kairo und zum Suez-Kanal. Noch vor der endgültigen Kapitulation der Briten hatte Rommel, dem die Fotografen der Propagandakompanie auch in der

Rommel in Feldherrnpose, Sommer 1942.

letzten Phase der Schlacht nicht von den Fersen wichen, dem Kriegsberichterstatter des Großdeutschen Rundfunks siegesgewiß einige wohlkalkulierte Worte ins Mikrofon gesprochen, die, eiligst nach Berlin befördert, am folgenden Abend von dort ausgestrahlt, in die deutschen Wohnstuben gelangten. Am darauffolgenden Morgen, als noch die Wochenschau-Teams Rommel in Feldherrnpose, auf dem höchsten Punkt eines Hügels vor Tobruk oder auf einem Panzer stehend filmten, ertönten im Großdeutschen Rundfunk die Siegesfanfaren aus Liszts *Les Préludes*. Mit frenetischer Stimme verkündete der Sprecher, daß die monatelang hart umkämpfte Stadt und Festung Tobruk von Rommel genommen worden sei. Mehr als 25 000 Gefangene habe man gemacht, darunter befänden sich mehrere Generale. Außerdem sei eine unüberschaubare Menge an Nachschub und Munition erbeutet worden.

Die Schlagzeilen an diesem und den folgenden Tagen überschlugen sich. Auf der Titelseite des *Völkischen Beobachters* prangte in riesigen Buchstaben »Rommels herrlicher Sieg«. Ein anderes Blatt drückte es profaner aus: »Rommels Faustschlag nimmt England den Atem!«, hieß es. Die Eroberung Tobruks treffe England »mitten ins Herz«, lautete die Unterzeile. Ihr wurde eine stärkere Schockwirkung zugeschrieben als dem Debakel von Dünkirchen oder dem Fall Singapores. Von einer fassungslosen britischen Öffentlichkeit und einem ratlosen Churchill war da die Rede. Tatsächlich war der Premierminister, der von der Kapitulation der Verteidiger Tobruks während eines Empfangs beim amerikanischen Präsidenten im Weißen Haus erfahren hatte, konsterniert, denn auf seine persönliche Intervention hin hatte die britische Propaganda den Kampf um die Festung besonders in den Vordergrund gestellt.

Beim Mittagessen in der Reichskanzlei am Tag darauf stand das Thema »Rommel« im Mittelpunkt des Tischgespräches. Goebbels meisterliches Produkt hatte den Gipfel des Ruhmes erreicht. Der Propagandaminister lobte den von Hitler zum Feldmarschall Ernannten unaufhörlich – damit freilich indirekt auch den Erfolg seiner im November 1941 konzipierten Pro-

pagandastrategie zur Ablenkung vom russischen Krisen-Kriegs-
schauplatz. Er sagte, »daß Generale wie von Brauchitsch, Rundstedt und so weiter bei weitem nicht die Popularität genössen wie
Rommel (...). Wenn die Presse einmal von Männern wie von
Brauchitsch, Rundstedt und so weiter schweige, so würde auch
in der breiten Öffentlichkeit sehr bald schon kaum mehr von ihnen gesprochen.« Rommel dagegen verfüge schon über ein Ansehen, das seinen Namen »für die Bevölkerung zum Begriff erfolg-
reichsten deutschen Soldatentums gemacht habe«. Hitler merkte
an, daß Rommel so sehr im Mittelpunkt des öffentlichen Inter-
esses stehe, habe man auch den Engländern zu verdanken, die für
ihn eine unerhörte Propaganda gemacht hätten. Die britische
Führung hoffe wohl, »durch Herausstreichen Rommels ihre Niederlagen ihrem eigenen Volk gegenüber leichter erklären zu können«. Damit hatte Hitler zweifellos recht. Einige Tage darauf
wies er vor allem auf Churchills Unterhausreden hin, »in denen
dieser Rommel aus taktischen Erwägungen immer wieder als
einen General von genialen Fähigkeiten herausgestellt« habe.
Doch Hitler glaubte dahinter auch andere Motive seines Gegen-
spielers zu erkennen.

»Churchill tue das selbstverständlich, um nicht zugeben zu
brauchen, daß die Engländer in Libyen und Ägypten von italienischen Soldaten Prügel beziehen. Vielleicht hoffe er auch, durch
die betonte Herausstellung Rommels Unfrieden zwischen den
Italienern und uns stiften zu können. Der Duce sei aber viel zu
vernünftig, als daß er dieses Manöver nicht durchschaue. Er
habe deshalb auch von sich aus die Verdienste Rommels mehrfach vor aller Welt anerkannt. Erreicht sei durch das Vorgehen
Churchills und das Parieren des Duce, daß der Name Rommel
bei den primitiven Völkern Nordafrikas und des Vorderen
Orients zu einem unvorstellbaren Ansehen gelangt sei. Diese
Tatsache zeige, wie gefährlich es sei, einen maßgeblichen Mann
des Gegners so herauszustellen, wie es Churchill im Falle Rommels getan habe. Ein Name beginne auf diese Weise plötzlich
eine Bedeutung zu erlangen, die dem Wert mehrerer Divisionen
gleichkomme.«

Da Rommel mit der Eroberung der Festung Tobruk den »letz-

ten und wichtigsten Eckpfeiler des britischen Verteidigungssy-
stems« herausgebrochen hatte, wie der *Völkische Beobchter* auf der
Titelseite seiner Ausgabe vom 22. Juni 1942 berichtete, fürchtete
der Reichspressechef offensichtlich abermals, daß sich die dem
Namen Rommel eigene Dynamik wieder entfachte. Er gab die
Tagesparole aus, Ägypten im Inland »in keiner Form, auch nicht
durch Zitate der ausländischen Presse« zu behandeln. Er mußte
»tieferhängen«, denn die Schlagzeilen um Rommel brandeten
hoch, die Begeisterung drohte überzuschwappen, da die Eroberung Ägyptens in greifbare Nähe gerückt schien. Dennoch entwickelte die Propaganda eine Eigendynamik, die auch Hitler er-
faßte und ihn dazu veranlaßte, die Offensive entgegen früherer
Absprachen fortsetzen zu lassen. Mussolini forderte er auf, Rommel die Genehmigung für den weiteren Vormarsch in Richtung
Ägypten nicht zu versagen, obwohl dieser weder ausreichende
Mengen Treibstoff noch genügend Panzer zur Verfügung hatte.
Pathetisch, ganz im Stile der Propaganda, schrieb er dem
»Duce«, der sich schon auf den feierlichen Einzug in Kairo vor-
bereitete: »Die Göttin des Schlachtenglücks streicht an den Feldherrn immer nur einmal vorbei. Wer sie in einem solchen Augenblick nicht erfaßt, wird sie oft niemals mehr einzuholen vermögen!« Rommel griff nach ihr. Daß er sie auch festhalten würde,
schien außer Frage. Nicht zuletzt die Propaganda suggerierte
dies.

Als die Wochenschauen Tage nach dem Sieg über Tobruk in
einer noch nie dagewesenen Ausführlichkeit davon in den deutschen Kinos berichteten, war die Offensive des Feldmarschalls
jedoch bereits steckengeblieben. Der Kommentator sprach daher, ohne das Wort »Ägypten« zu nennen, nur noch davon, daß
Rommel keine Pause kenne. »Der Kampf muß weitergehen.« Er
ging weiter, doch das Blatt begann sich zu wenden.

Um so wichtiger wurde der Einsatz der Propagandawaffe
Rommel. Als der ermattete und kranke Feldmarschall nach zwei
vergeblichen Durchbruchsversuchen an der El Alamein-Front
Urlaub im Reich machte, präsentierte Goebbels ihn Anfang Oktober 1942 sogar auf einer eigens für ihn einberufenen internationalen Pressekonferenz. Die Signale, die davon ausgehen sollten,

lagen angesichts der Situation in Nordafrika auf der Hand. Rommel sollte Optimismus verbreiten, weil die deutsche Kriegführung nicht nur in Nordafrika stagnierte. Gleichzeitig war Gerüchten um seine schwere Erkrankung entgegenzutreten, denn der feindliche Nachrichtendienst hatte einen entsprechenden Funkspruch entschlüsselt.

Rommels Auftritt vor den Vertretern der internationalen Presse hätte Goebbels nicht effektvoller inszenieren können. Alle Blicke waren auf den Heerführer gerichtet, die Filmkameras surrten. Symbolisch die Hand auf der Türklinke haltend, verkündete Rommel triumphierend:

»Heute stehen wir hundert Kilometer vor Alexandria und Kairo und haben das Tor Ägyptens in der Hand – und zwar mit der Absicht, hier zu handeln!«

Anschließend hielt er eine kurze Ansprache. Der Einruck, den Rommel bei den ausländischen Journalisten hinterließ, war ausnehmend günstig. Der Vertreter des *Svenska Dagbladet* berichtete seinen Lesern am folgenden Tag, man habe sich nicht einen Haudegen – auf Vorwürfe seiner Kritiker, er sei ein Hasardeur, reagierte Rommel stets sehr empfindlich –, sondern einen klugen, überlegen und vorsichtig abwägenden Mann vorzustellen, der dank ungewöhnlicher Willenskraft und sportlicher Leistungsfähigkeit in der Lage sei, seine Untergebenen zu größten Leistungen anzuspornen und die großen Strapazen zu ertragen, denen er als Oberbefehlshaber ausgesetzt sei. Von Goebbels über seine persönliche Führungsmethode befragt, bemerkte Rommel, er begebe sich selbstverständlich nicht unnötig in Gefahr, aber im modernen Krieg müsse sich der Oberbefehlshaber – und dies war ein versteckter Angriff auf seinen britischen Gegner und die Generalstabsoffiziere der Oberkommandos von Wehrmacht und Heer zugleich – während der entscheidenden Phase im Brennpunkt der Schlacht aufhalten. Es komme auf Sekunden an, wenn es darum gehe, die richtigen Anordnungen zu treffen.

Natürlich zollte auch die deutsche Propaganda dem erfolgreichen Auftritt Rommels Tribut. Sie »verkaufte« diesen Presseempfang als »Zusammensein mit einer der markantesten Persönlichkeiten unserer Zeit«. Beim Frage- und Antwortspiel zwischen

Pressevertretern und Feldmarschall merke man ihm die »Freude an der Replik, am Kreuzen der Klingen« an.

Goebbels, der von dem General sagte, »sein Mienenspiel und seine ganze Erscheinung atmen die Größe einer wirklichen Persönlichkeit«, war selbst von seinem Propaganda-Objekt fasziniert. Mehrfach schon war der schneidige General während seiner Aufenthalte in Berlin bei dem kleinen hinkenden Mann und dessen großer Familie zu Gast. Wie auch Hitler verstand es Goebbels, Rommel geschickt zu schmeicheln und ihn zum Durchhalten zu ermuntern. Während seines Besuchs in jenem Herbst des Jahres 1942 versuchte es Goebbels mit Wochenschaufilmen über die siegreichen Kämpfe Rommels in Nordafrika. Wie aus den Tagebucheintragungen des Propagandaministers hervorgeht, blieb dies nicht ohne Erfolg. Rommels Laune soll sich schlagartig verbessert haben, was in fesselnden Erzählungen, die von Goebbels und dessen Familie begeistert aufgenommen wurden, seinen Ausdruck fand.

Die Briten hatten die ersten Tage nach der Eroberung Tobruks als schicksalsträchtig empfunden. Vieles schien darauf hinzudeuten, daß die Zeiten britischer Kolonialherrschaft am Nil ihrem Ende entgegengehen würden. Am Mittwoch, dem 1. Juli 1942, machte der britische *Daily Mail* mit der Schlagzeile »100 Miles From Alexandria – Rommel Pushes on 30 Miles Since Monday« groß auf. In dem Artikel hieß es, wenn er mit dem gleichen Tempo weiter vorstoße, werde er sicherlich noch in der gleichen Nacht in Kairo sein. Die Lage wurde für die Briten äußerst bedrohlich. Drei Tage später traf daher Churchill, bei dem der Kult um Rommel ebenfalls seine Spuren hinterlassen hatte, in Kairo ein. Sir Ian Jacob, ein enger Vertrauter des Premierministers, berichtet von ihm in seinem Tagebuch, das wiederum Churchill in seinen eigenen Memoiren zitiert:

»Der Premierminister hat nur den einen Gedanken (...), Rommel zu schlagen. (...) Er ging hin und her, entschlossen seinen Willen durchzusetzen und rief aus: ›Rommel, Rommel, Rommel, Rommel! Zählt denn etwas anderes, als ihn zu schlagen?‹«

Churchill ließ Auchinleck ablösen und übergab Montgomery

Nummer 41 SONNABEND, 10. OKTOBER   24. JAHRGANG 1942 Preis 20 Pfennig

ḥamburger Illuſtrierte

EIN HÄNDEDRUCK DER SIEGESGEWISSHEIT

Der Führer begrüßt Generalfeldmarſchall Rommel bei der Großkundgebung zur Eröffnung des 4. Kriegs-WHW. im Berliner Sport-
palaſt. „Wir ſtehen hinter unſeren Soldaten, ſo wie unſere Soldaten für uns einſtehen!" ſagte Adolf Hitler in ſeiner großen Rede

Rommel als » Titelheld« der Hamburger Illustrierten *vom 10. Oktober
1942.*

das Kommando über die britische 8. Armee in der Hoffnung, der nach Wavell und Auchinleck nunmehr dritte gegen Rommel eingesetzte General werde den Feldmarschall endlich besiegen können. Über die Gründe teilte Churchill seinem Stellvertreter im Amt des Premierministers mit, daß ihn »nur die Notwendigkeit, einen plötzlichen, einschneidenden Wechsel im Oberbefehl gegen Rommel vorzunehmen und der Armee die Zuversicht einzuflößen, daß ein neuer Anfang gemacht wird«, veranlaßt habe, die Neuverteilung des Oberbefehls vorzuschlagen.

Wie weit die psychologischen Folgen des Rommel-Kults bereits gingen, läßt sich am besten daraus schließen, daß Montgomery diese Aufgabe als ganz persönliche Auseinandersetzung mit seinem Gegenspieler verstand, der bisher, trotz materieller Unterlegenheit, die Briten immer wieder in die Knie gezwungen hatte. Zur ständigen Präsenz hängte Montgomery in seinem Befehlswagen eine Fotografie Rommels auf, »denn er glaubte, den Charakter des Mannes verstehen zu müssen, der für seine eigene Armee ein Halbgott war«, erzählt Montgomerys Biograph, der ehemalige britische Außenminister Alun Chalfont.

Am 23. Oktober 1942 begann unter der Leitung von Montgomery die dritte britische Offensive in Afrika. Zwei Tage darauf übernahm der nach Nordafrika zurückgeeilte Rommel wieder die Führung über die deutsch-italienische Panzerarmee. Bis zum 4. November konnte er der feindlichen Übermacht standhalten, war aber endgültig zum Rückzug gezwungen, als am 7. November unter dem Oberbefehl General Eisenhowers amerikanische Truppen in Tunesien und Algerien landeten. Welche Erleichterung Montgomerys erfolgreiche Offensive, die die Belagerung Ägyptens beendete, für die Briten bedeutete, welch lange unterdrückten Emotionen dadurch frei wurden, spiegelte sich im Aufmacher des *Daily Mail* vom 5. November 1942 wider. »Rommel Retreats In Disorder« hieß es triumphierend in der Schlagzeile. Das Afrika-Korps, »der Stolz des deutschen Heeres«, sollte »gnadenlos« verfolgt werden. Ein General machte Churchill gar den Vorschlag, er solle im ganzen Land die Glocken läuten lassen.

Der Hoffnungsträger

Im Reich, wo sich, einem geheimen Bericht des Sicherheitsdienstes der SS von Anfang November 1942 zufolge, das Interesse der Bevölkerung ganz auf die Kämpfe in Nordafrika konzentrierte, hatte man an der gründlichen Demontage des als unbezwingbar geltenden »Denkmals« seitens der feindlichen Propaganda begreiflicherweise kein Interesse. Die beiden Tagesparolen des Reichspressechefs vom 5. und 6. November 1942 sprachen in dieser Hinsicht für sich. In der ersten wies er Presse und Rundfunk in sehr scharfen Worten an, äußerste Zurückhaltung bei der Behandlung der Kämpfe in Nordafrika an den Tag zu legen. Englische Sondermeldungen und Berichte über die Siege sollten nicht beachtet werden. Am folgenden Tag legte er allen Mitarbeitern die Verpflichtung auf, »in diesen kritischen Tagen keinen Pessimismus nach außen hin in Erscheinung treten zu lassen«. Weiterhin gab er der Hoffnung Ausdruck, »daß Generalfeldmarschall Rommel wieder, wie so oft, die Lage meistern werde«. In einen Artikel umgesetzt, las sich diese Direktive dann so:

»Für die tunesischen Araber, die Fatalisten sind und nicht an den Zufall glauben wollen, besteht daher kein Zweifel: Rommel, der Sand, der allmächtige Beherrscher der Wüste, kann nur siegen. Das bildhafte Denken dieser Menschen erfährt durch den Gleichlaut des Namens eine Stütze, die die Phantasie mächtig beflügelt. Der Araber kennt ›Rommel‹ und seine Macht gewissermaßen schon seit Jahrtausenden. Jetzt ist es Rommel, der das Unheil von Tunesien fernhält und dem großen Brudervolk, Ägypten, die Freiheit bringt.«

Alle Register propagandistischer Kunst wurden hier gezogen. Der Masse der Deutschen, die nur einen Rommel in Siegerpose kannte, wurde jetzt der Spiegel vorgehalten. »Solange Rommel unten ist, kann uns nichts passieren«, war der allgemeine Tenor im Reich.

Welch ungeheure Ausstrahlung Rommel trotz der Erfolge der Briten, die die Panzerarmee Afrika bis zum Frühjahr in einen ständig kleiner werdenden Brückenkopf um Tunis zurückgedrängt hatten, noch immer auf den Feind hatte, zeigt sich sehr deutlich an einer Karikatur, die der *Daily Mail* im März 1943 veröffentlichte. Vier gestandene alliierte Generale werden darauf gezeigt, die all ihre Kraft aufbieten müssen, um den sich energisch an den Türgriffen des »Hotels Tunis« festklammernden Rommel von dort zu entfernen.

Daß Rommel zu diesem Zeitpunkt die »Türklinke« Afrikas bereits endgültig aus der Hand gegeben hatte, wußte man auch in Deutschland nicht. Goebbels ahnte, daß es »natürlich auch schwer« werden würde, »dem deutschen Volk klarzumachen, daß Rommel sich gar nicht mehr in Nordafrika befindet«. So ließ der Propagandaminister Anfang Mai 1943 durch das Oberkommando der Wehrmacht bekanntgeben, Rommel sei für zwei Monate in Urlaub gegangen, wohl wissend, daß nun, da die Kämpfe in Afrika ihrem Ende entgegengingen, die Situation zum Handeln zwang, denn angesichts der Tatsache, daß jeder den Feldmarschall in Afrika glaubte, erschiene es höchst zweifelhaft, wenn man mit der Wahrheit erst herausrückte, nachdem die Katastrophe eingetreten war. Zudem legte Goebbels – genau wie auch Hitler – besonderen Wert darauf, Rommel nicht mit dem Ende der Operationen in Nordafrika zu belasten. Dies war unter allen Umständen zu verhindern, weil es »seinem Namen sehr abträglich sein würde«. So sandte dann ein anderer den deprimierenden Funkspruch aus Tunesien. Es war der letzte Kommandeur des Deutschen Afrika-Korps, General Cramer. Die Worte, die er in den Äther schickte, lauteten:

»Munition verschossen, Waffen und Kriegsgerät zerstört. Das D.A.K. hat sich befehlsgemäß bis zur Kampfunfähigkeit geschlagen. Das Deutsche Afrika-Korps muß wiedererstehen. Heia Safari!«.

Selbst die Niederlage in Afrika wurde den Deutschen von den Propagandastrategen in Berlin als Sieg verkauft. Hauptdarsteller dabei war Feldmarschall Rommel. Dieser traf in den ersten Maitagen des Jahres 1943 mehrfach mit Goebbels und Berndt zusammen, um am 12. Mai abends den abschließenden Rundfunkvortrag »27 Monate Kampf in Afrika« auszuarbeiten, wie er in seinem Tagebuch vermerkte. Mit Genugtuung las Rommel, was Berndt, sein ehemaliger Ordonnanzoffizier, der inzwischen wieder über die Presse im Reich wachte, fabuliert hatte. Dieser berichtete davon, wie Rommels Genie mit unterlegenen Kräften dem britischen Weltreich siebenundzwanzig Monate lang trotzen konnte, wie der Kriegsgott Rommels Namen auf die erste Seite der Geschichte des Wüstenkrieges schrieb, wie der Meister der Kriegslist mit »Rommelpanzern« – Pappungetümen auf Volkswagenchassis – und »Rommelstellungen« den Gegner täuschte, »Teufelsgärten« – dichte Minengürtel – zur Verteidigung einrichtete, wie er völlig unberechenbar für den Gegner in strömendem Regen wie ein Ungewitter aus dem Gebirge herausbrach und mit wenigen hundert Mann eine indische Division zerschlug, wie seine Hand zupackte und Marsa Matruh abschnitt, wie der »schöpferische Stratege« an einem sonnigen Herbsttag aus Hitlers Hand den Marschallstab empfing, wie die Soldaten seinem Vorbild voller Elan und Kampfgeist folgten, wie er mit den »Tommies« Katz und Maus spielte. In pathetischem Ton machte Berndt dies und noch mehr den Hörern weis. Er sei wieder in seinem Element, vermerkte ein dankbarer Rommel und schickte dem skrupellosen Propaganda-»Manager« eine Kiste Zigarren.

Das Klischee von Palmen und Abenteuer, kurzum von »Heia Safari«, lebte auch nach der Kapitulation in Afrika in vielerlei Gestalt weiter. So erschien zum Beispiel im Jahre 1943 ein Farbbilderwerk des deutschen Afrika-Korps. Sein Titel lautete ähnlich wie der erste Satz in Berndts Rundfunkvortrag: *Balkenkreuz über Wüstensand*. Die Eroberung Tobruks hatte den Anstoß dafür gegeben. Ebenso wie die Wochenschauen aus jener Zeit enthält das Buch starke Anklänge an die Kolonialzeit. Der eingeborene schwarze Händler sitzt im Schatten der Palmen, der deutsche Soldat kauft bei ihm ein. Der Flugzeugführer erklärt einer auf Kamelen herbeigerittenen Beduinenfamilie alles Wissenswerte über eine »Messerschmidt«. Flieger in Uniform und Eingeborene in phantasievollen Trachten beim Tauschhandel. Araber laden deutsche Soldaten zu einer Schale starken arabischen Kaffees ein. Die kleine Suleika zum ersten Mal am Feldtelefon. »Braune Kiebitze«, eingeborene Kinder, schauen neugierig einem »Strippenzieher« von den Nachrichtentruppen bei der Ar-

beit zu. Eingeborene bestaunen die deutschen Waffen und – noch
einmal – den Generalfeldmarschall. In khakifarbener Uniform,
staubbedeckt, von einem Panzer aus mit hoch erhobener Hand
den Angriff leitend. So sollte Erwin Rommel in die Herzen von
Freund und Feind eingehen.

Hoffnung und Durchhaltewillen verbanden sich auch weiterhin mit dem Namen Rommel. Noch einmal, während seines Einsatzes am Atlantikwall, den der Oberbefehlshaber West, von
Rundstedt, als bloßen »Propagandawall« bezeichnete, sollte er
dem Volk diese Hoffnung geben. Wenn die Deutschen hofften,
dann deshalb, weil Rommel über ausgiebige Erfahrungen im
Kampf gegen Engländer und Amerikaner verfügte. Gegen sie
kam, wie Hitler glaubte, allein sein Name dem Wert von mehreren Divisionen gleich. Die britischen Oberbefehlshaber hatte
seine schnelle und bewegliche Art der Kriegführung immer wieder in die Enge getrieben, die feindlichen Truppen fürchteten
ihn. Ihre Kampfmoral hatte durch das von der Propaganda ge-
zeichnete Bild eines Übermenschen gelitten. Die Deutschen vertrauten ihm. Auch in Frankreich, dessen Bevölkerung den Feldmarschall durch die Vichy-Wochenschauen bestens kannte,
schätzte man Rommel als den fähigsten deutschen Heerführer.
Auf seinen Fahrten durch das besetzte Frankreich erkannten ihn
die Menschen und riefen seinen Namen.

Auch in dieser Zeit wurde sein Stab ständig von einer Propagandakompanie begleitet. Rommel wußte, was er ihr schuldig
war. Bei einer Fahrt durch die Pyrenäen ließ er anhalten und die
Fotografen schossen vor imponierender Bergwelt seinen Feld-
herrnblick, der dem Gegner galt. »Wenn das Photo veröffentlicht
wird, dann erkennen die Engländer (...) auch an den Pyrenäen
ist Rommel gewesen«. Ansonsten gab es für die Propagan-
datruppe nicht viel zu berichten, bis Rommel im Mai 1944 den
versammelten Abordnungen aller Wehrmachtsteile am »Stütz-
punkt Atlantik«, südlich von Le Touquet, seine Zuversicht hinsichtlich der bevorstehenden »Entscheidungsschlacht« im Westen ausdrückte. Die Wochenschaukameras zeichneten seine
Propagandarede auf. Ihre Wirkung im Reich blieb nicht aus. Sie
bewirkte zusammen mit dem öffentlichen Vertrauen in das Han-

Der Reichspropagandaminister empfängt Rommel im Herbst 1942.

deln des Generalfeldmarschalls noch einmal eine kleine Woge des Optimismus. Der geheime Stimmungsbericht des Sicherheitsdienstes konnte »eine Angst vor der Invasion (...) kaum feststellen«. Er machte glauben, daß das deutsche Volk der neuerlichen Großschlacht als »letzter Gelegenheit, das Blatt zu wenden«, entgegensah. Nach Invasionsbeginn wurde aus Breslau, Berlin, Kiel und Koblenz gemeldet, »das Vertrauen zu Rommel ist groß«. Am 25. Juni 1944 hieß es sogar, es gebe »Vertrauensäußerungen über unsere Führung, vor allem aber über Marschall Rommel«.

Berücksichtigt man diese in äußerst angespannter Lage noch immer von Rommel ausgehende positive Ausstrahlung auf die Bevölkerung und das mit seinem Namen verbundene militärische und psychologische »Kapital« im Kampf mit dem Gegner, so wird es verständlich, daß die schwere Verletzung, die er sich bei dem schon erwähnten Tieffliegerangriff am 17. Juli 1944 in der Normandie zuzog, in der Presse im Reich verschwiegen wurde. Rommels Ordonnanzoffizier Lang vermerkte, daß »anscheinend (...) der Name des OB als militärisches Aktivum verwertet werden solle«, um die Welt glauben zu machen, er sei weiterhin an der Leitung der Kämpfe in Frankreich beteiligt.

Solch eine Verwundung in vorderster Linie hatte Goebbels bei dem von Rommel gewohnten Führungsstil insgeheim tatsächlich schon lange befürchtet. Schon Anfang Mai 1942 hatte er, nachdem die Engländer Rommel beinahe gefangengenommen hätten, in seinem Tagebuch vermerkt: »Rommel geht mit seinem Leben und seiner Sicherheit etwas sehr leichtsinnig um. Es wäre ein unabsehbares nationales Unglück, wenn er in die Hände der Engländer geriete. Es wäre ihm anzuraten, sich etwas vorsichtiger zu bewegen. Jedenfalls sorge ich dafür, daß auch nur eine solche Möglichkeit nicht zur Kenntnis des deutschen Volkes kommt; sie würde sicherlich eine schwere Beunruhigung zur Folge haben.«

Trotz aller Geheimhaltungsversuche sickerten Informationen über Rommels Verwundung an die britische Presse durch. Es wurde sogar spekuliert, er sei bereits tot. Rommel mußte daher an die Öffentlichkeit treten. In seiner letzten Pressekonferenz am 1. August 1944 in Paris stellte er sich dem Blitzgewitter der Fotografen. Die deutsche Presse war gezwungen nachzuziehen. Am 3. August veröffentlichte sie die Meldung, Rommel sei bei einem Autounfall verwundet worden. Diese Propagandamanipulation, die man als Konsequenz seines Images von der Unverwundbarkeit im Kriege ersonnen hatte, lehnte Rommel »auf das Entschiedendste« ab. Man wolle anscheinend nicht wahrhaben, daß ein Oberbefehlshaber einer Heeresgruppe durch Tiefflieger ausfalle, ließ er in sein Tagebuch eintragen.

Rommel hatte immer nur die eine Seite der Propaganda gesehen – diejenige, die seinen Aufstieg zum Feldmarschall beschleunigt hatte, die ihm die Gunst der Großen des Reiches gebracht und nicht nur bei Volksgenossen, sondern auch im Ausland zu strahlendem Ansehen verholfen hatte. Jetzt, im Sommer 1944, begriff Erwin Rommel, wie sehr er doch Objekt dieser Propaganda war. Der Apparat ließ ihn fallen, denn ein verwundeter, pessimistischer Feldmarschall eignete sich nicht mehr für seine Zwecke. Hinzu kam, daß die Phrasen vom »Endsieg« die Deutschen kaum noch zu motivieren vermochten. Die Ironie des Schicksals wollte es, daß eben jene Propaganda ihn für einen Personenkreis im Reich interessant gemacht hatte, der ihn in den Sog der Ereignisse im Zusammenhang mit dem Attentat des 20. Juli 1944 ziehen sollte, denen er schließlich zum Opfer fiel.

Das Opfer

Auch Rommel hatte »bei Gott den heiligen Eid« geschworen, daß er »dem Führer des deutschen Reiches und Volkes, Adolf Hitler, dem Oberbefehlshaber der Wehrmacht, unbedingten Gehorsam leisten und als tapferer Soldat bereit sein wolle, jederzeit für diesen Eid (sein) Leben einzusetzen«. Von ganz wenigen Ausnahmen abgesehen, war den Wehrmachtsangehörigen die sich in diesem Eid manifestierende Treue zu Hitler Maxime allen soldatischen Handelns. Der Eid, den sie seit dem 2. August 1934, dem Todestag Hindenburgs, auf spontane Veranlassung des damaligen Reichswehrministers von Blomberg abgelegt hatten, verpflichtete sie zu unbedingtem Gehorsam auf den Staat in Hitlers Person. Auch als sie früher oder später erkennen mußten, daß der von diesem eingeschlagene Kurs in den Untergang des Reiches führte, wog die mit dem Eid eingegangene Verpflichtung so schwer, daß sich die Masse der Soldaten, Offiziere und Generale weiterhin daran gebunden fühlte. Den Feldmarschällen des Reiches wurde Anfang März 1944 sogar ein weiteres Treuegelöbnis auf Hitler zur Unterschrift vorgelegt. Geradezu selbstverständlich setzte auch Rommel – wie Rundstedt, Manstein und andere – seine Unterschrift unter das Papier, obwohl auch er diese Bekräftigung des Eids auf Hitler für unmilitärisch hielt, da er die bedingungslose Treue des Offiziers als eine Selbstverständlichkeit erachtete. Nur wenige vermochten sich davon zu lösen. Einige von ihnen beschlossen, den Diktator zu beseitigen. Sie scheiterten und fielen seiner grausamen Rache zum Opfer. General Blumentritt, im Jahre 1944 Stabschef des Oberbefehlshabers West, schrieb nach dem Zweiten Weltkrieg, er ehre die toten Kamera-

den des 20. Juli, könne aber seine Auffassung über den Eid nicht
ändern! Eid sei Eid und bleibe Eid, gerade in unmöglichen, aussichtslosen Lagen solle ja der Eid sich bewähren.

Rommel würde dem wahrscheinlich zugestimmt haben, hätte
er den Zweiten Weltkrieg überlebt. Den Eid zu brechen und sich
gegen den Mann zu verschwören, der ihn zum Feldmarschall
erhoben hatte, entsprach nicht seinem Verständnis von Treue.
Noch im Herbst 1944, Wochen nach dem Attentat, hatte der
Feldmarschall zu einem Verwandten gesagt, daß Hitler der oberste Kriegsherr sei und er diesem als Offizier zu gehorchen habe.
Dies werde ihn jedoch nicht daran hindern, Hitler seine Meinung
offen vorzutragen, wie er es bislang immer getan habe. Schon bei
der Besprechung im Führerhauptquartier bei Soissons, vierzehn
Tage nach der alliierten Invasion, hatte der Feldmarschall Hitler
darauf hingewiesen, daß der Krieg im Westen nicht mehr zu gewinnen sei und politische Lösungen gesucht werden müßten. Auf
dem Berghof am 29. Juni und schriftlich am 15. Juli, also fünf
Tage vor dem Attentat, hatte er diese Auffassung weitere Male
unmißverständlich gegenüber Hitler zum Ausdruck gebracht.
Selbst nach dem 20. Juli fieberte der kurz zuvor bei der erwähnten Inspektionsfahrt schwer verwundete Rommel einem Treffen
mit Hitler entgegen, um diesen noch einmal auf den Ernst der
Lage hinzuweisen. Dem Eid gemäß sah Rommel seine soldatische Pflicht hier enden. Ausgerechnet dieser Mann sollte den
Ereignissen um den 20. Juli zum Opfer fallen.

Mißverständnisse

Begonnen hatte alles damit, daß Männer des Widerstands um
von Stauffenberg glaubten, den »Faktor Rommel« bei der Ausführung ihres Planes miteinbeziehen zu müssen, obwohl sie in
ihm den Hitler-Protégé sahen. Aus ihrem Blickwinkel war Rommel die Verkörperung des soldatischen Anpassers, gekoppelt mit
moralischer Bedenkenlosigkeit dem Regime gegenüber. Könnten
sie Rommel, den populärsten Soldaten des Reiches, für den Widerstand gewinnen, würde der Umsturz eine breitere Basis im

deutschen Volke haben, kalkulierten sie. Auch rechneten sie damit, daß es mit Rommel leichter wäre, mit den Westalliierten ins Gespräch zu kommen, um mit diesen einen Separatfrieden zu schließen oder sie sogar für ein gemeinsames Vorgehen gegen die unaufhaltsam nach Mitteleuropa vordringende Rote Armee zu gewinnen. Der Name Rommel erschien daher immer wieder als »Aushängeschild« in ihren Planspielen. Nach den Vorstellungen des früheren Leipziger Oberbürgermeisters Goerdeler, eines der führenden Köpfe des Widerstandes, sollte Rommel nach der Beseitigung Hitlers vorübergehend sogar Reichspräsident werden.

In Verbindung mit der Verschwörung des 20. Juli sollten den Feldmarschall zwei Offiziere bringen, ohne daß Rommel es auch nur ahnte. Er sollte in Verdacht geraten, einen Verdacht, der dann von anderen, die nicht zum Widerstand gehörten, zur Intrige mit tödlichem Ausgang ausgeweitet werden sollte.

Der eine dieser beiden Offiziere war Generalleutnant Speidel. Im April 1944 kam er als neuer Stabschef zu Rommel, dem Befehlshaber der Heeresgruppe B, in dessen Hauptquartier ins Schloß von La Roche Guyon. Speidel sollte Rommel für den Widerstand gewinnen. Es galt dabei für ihn, äußerst zurückhaltend zu sein, wußte er doch um das gute Verhältnis zwischen Rommel und Hitler. Diese Vorsicht erwies sich rasch als begründet, denn Speidel traf auf einen Mann, der häufig auf die adligen Offiziere und die Cliquen-Wirtschaft in der Wehrmacht schimpfte und große Stücke auf den »Führer« hielt. So mußte sich Speidels Wirken in La Roche Guyon vor allem auf diskrete Zusammenkünfte mit Gleichgesinnten aus der Pariser Widerstandszentrale um General von Stülpnagel, das Haupt der Verschwörer im Westen, beschränken. Diese Treffen fanden meist dann statt, wenn Rommel Bunker und Truppe am Atlantikwall inspizierte. Ein Major aus dessen Stab erinnert sich an diese Zeit:

»In Rommels Abwesenheit übernahm Speidel den Vorsitz bei Tisch, und die ganze Unterhaltung drehte sich nur um das Arschloch vom Berghof, womit Hitler gemeint war. Als ich ankam, herrschte an dieser Tafelrunde eine total defätistische Stimmung (...) es sei denn wenn Rommel selbst anwesend war.«

An dieser Situation änderte sich auch nichts, als sich schon bald nach der alliierten Invasion abzuzeichnen begann, daß der Kampf im Westen nicht mehr zu gewinnen war. Im Stabe Rommels gab man dennoch nicht ganz die Hoffnung auf. So glaubten der Feldmarschall und sein Marineverbindungsoffizier, Admiral Ruge, mehrfach bei Spaziergängen im Park des Schlosses übereinstimmend, »daß wir aber dennoch irgendwie durchkommen«. Sie setzten dabei auf die Gegensätze zwischen den Westalliierten und der Sowjetunion. Diese galt es auszunutzen, um gemeinsam mit den Angelsachsen die »bolschewistische Sturmflut«, die über Europa hereinzubrechen drohte, abzuwehren. Voraussetzung dafür war ein Separatfrieden im Westen – eine illusionäre Vorstellung, denn längst hatten sich die Gegner Deutschlands auf die Formel von der bedingungslosen Kapitulation geeinigt.

Rommels Auffassung deckte sich dabei mit der des Verschwörers Speidel. Beide stimmten darin überein, daß es Zeit für politische Konsequenzen sei. Was sie mit »Konsequenzen« meinten, unterschied sich jedoch grundlegend: Speidel glaubte, daß die Westalliierten niemals einen Frieden mit Hitler schließen würden. Unter den Konsequenzen, die gezogen werden müßten, verstand er daher, ohne dies jemals in Rommels Gegenwart auszusprechen, Hitlers Beseitigung. Rommel setzte dagegen nach wie vor auf das »politische Geschick des Führers« und war davon überzeugt, daß dieser die notwendigen Schritte für einen Separatfrieden im Westen einleiten würde.

Der zweite Offizier, der Rommel mit dem Widerstand in Verbindung bringen sollte, war Oberstleutnant von Hofacker. Er kam ins Spiel, als man in der Verschwörerzentrale im Pariser Hauptquartier des Oberbefehlshabers West Anfang Juli 1944 immer noch nicht wußte, ob mit Rommel gerechnet werden konnte oder nicht. Daher entsandte ihn General von Stülpnagel nach La Roche Guyon, um in der Angelegenheit weiter zu sondieren. Hofacker hielt in Anwesenheit Rommels und der Stabsoffiziere einen Vortrag über die strategische Lage. Mehr denn je herrschte danach Einigkeit darüber, daß eine politische Lösung rasch herbeigeführt werden müsse, wollte man den militärischen Zusammenbruch verhindern. Daß dafür zuvor Hitler beseitigt werden sollte – der Tag des Attentats stand bereits fest –, erwähnte Hofacker auch in dem nachfolgenden Gespräch mit Rommel mit keinem Wort. Es blieb vielmehr wieder bei der Formel von den »Konsequenzen«, die gezogen werden müßten. Als der Oberstleutnant am selben Abend nach Paris zurückfuhr, war er daher nicht klüger als zuvor. Wäre es ihm gelungen oder hätte er geglaubt, Rommel für die Sache des Widerstandes gewonnen zu haben, »hätte der Hofacker auf der Heimfahrt von La Roche Guyon in unserem kleinen PKW (...) eine derartige Zufriedenheit bestimmt äußern müssen«, sagte später dessen eingeweihter Begleiter.

Weder Hofacker noch Speidel hatten Rommel also für den Widerstand gewonnen, als zwei Wochen nach Hofackers Besuch in La Roche Guyon eineinhalbtausend Kilometer davon entfernt in Hitlers ostpreußischem Hauptquartier Stauffenbergs Bombe detonierte. Im Großdeutschen Rundfunk kündigte Hitler, der mit ein paar Schrammen davongekommen war, schon kurz nach Mitternacht Rache an. Diesmal werde »so abgerechnet, wie wir es als Nationalsozialisten gewöhnt sind«. Als er diese Worte sprach, waren Graf von Stauffenberg, Generaloberst Olbricht, Generaloberst Beck und andere schon tot. Beck hatte versucht, sich selbst zu töten, verletzte sich schwer und wurde schließlich von einem Unteroffizier erschossen. Die anderen waren unter der Gewehrsalve des Exekutionskommandos im Hof des Berliner Bendlerblocks, dem Hauptquartier des Befehlshabers des Ersatzheeres, gestorben. Noch in der Nacht zum 21. Juli setzte eine erste Verhaftungswelle ein. Bis sie sich in den Westen ausbreitete, sollte es nicht lange dauern. Ende Juli griffen die Häscher der Gestapo Stülpnagel auf. Dieser hatte versucht, der Verhaftung durch Selbstmord zu entgehen, blieb aber schwer verletzt am Leben. Er wurde wieder gesundgepflegt, um anschließend in den Kellern des Berliner Gestapo-Hauptquartiers gefoltert, vom Ehrenhof des Heeres aus der Wehrmacht ausgestoßen und schließlich von Freislers Volksgerichtshof zum Tode verurteilt zu werden. Ende August wurde der Offizier hingerichtet. Auch Hofacker war zu diesem Zeitpunkt bereits zum Tode verurteilt. Der Oberstleutnant, der seiner Hinrichtung entgegensah, hatte ausgesagt, Rommel habe mit ihm die Auffassung geteilt, daß der

Krieg verloren sei und rasch politische Konsequenzen gezogen werden müßten. Außerdem fand man bei der Verhaftung Goerdelers Unterlagen, in denen Rommel als Reichspräsident aufgeführt worden war. Hitler wurde Anfang August 1944 durch die dem Führerhauptquartier überstellten Aufzeichnungen des Chefs des Sicherheitsdienstes (SD), SS-Obergruppenführer Kaltenbrunner, auf die Verdachtsmomente gegen den Feldmarschall aufmerksam gemacht, nahm sie jedoch nicht sonderlich ernst.

Als der am 17. Juli bei der genannten Inspektionsreise schwer verwundete Rommel in den ersten Augusttagen von einem Pariser Lazarett nach Herrlingen bei Ulm verlegt wurde, ahnte er nicht, daß auch sein Name im Zusammenhang mit dem Widerstand genannt wurde. Besorgt verfolgte er von seinem Krankenbett aus die alarmierenden Nachrichten von der Westfront. Beim unerwarteten Besuch seines Stabschefs erfuhr er jedoch nicht nur von der militärischen Lageentwicklung. Speidel berichtete, daß er ganz plötzlich seines Amtes als Generalstabschef der Heeresgruppe B enthoben worden sei und daß der Chef des Oberkommandos der Wehrmacht, Feldmarschall Keitel, und Generaloberst Jodl, der Chef des Wehrmachtführungsstabes, Rommel »als Defätisten bezeichnet hatten«, und riet ihm, sich vorzusehen. »Mein Mann war sich darüber im Klaren«, schrieb Lucie, Rommels Frau, später über den Verlauf des Gespräches, »daß der Schuldige für die militärischen Ereignisse im Westen gesucht wurde.«

Der Außenseiter Rommel wußte, daß er sich vorsehen mußte. Wegen seiner steilen Karriere, seiner Popularität und vor allem aufgrund der Gunst, die er bei Hitler genoß, hatte er viele Feinde in der Wehrmacht. Dort hatte man es nie verwunden, daß ein Nicht-Generalstäbler zum Feldmarschall avancieren konnte. Schon 1941, als Rommel von Hitler mit dem Kommando über das Deutsche Afrika-Korps betraut worden war und nicht der vom Oberkommando des Heeres vorgeschlagene General Freiherr von Funck, war der Groll beim Oberbefehlshaber des Heeres, von Brauchitsch, und dessen Generalstabschef Halder gegenüber dem Hitler-Günstling nicht gering gewesen. Die im Verlaufe des Afrikafeldzuges von Hitler tolerierten Eigenwilligkeiten Rommels, die rasch hinzukamen, ließen Halder im April 1941 verärgert in sein Tagebuch schreiben:

»Die persönlichen Verhältnisse sind durch die Eigenart des General Rommel und seinen krankhaften Ehrgeiz getrübt (...). Rommels charakterliche Fehler lassen ihn als eine besonders unerfreuliche Erscheinung hervortreten, mit der aber niemand in Konflikt geraten will, wegen seiner brutalen Methoden und seiner Deckung an höchster Stelle.«

Auch Weichold, der Chef des deutschen Marinekommandos Italien, der während des Afrikafeldzuges in Nachschubfragen häufig mit Rommel aneinandergeraten war, äußerte sich abfällig über den Feldmarschall als eines »typisch nationalsozialistischen Protégés«.

Generalfeldmarschall Kesselring, der Ende 1941 von Hitler als »Oberbefehlshaber Süd« nach Italien geschickt wurde, hatte kein besseres Verhältnis zu Rommel. Dieser verdächtigte den Feldmarschall der Luftwaffe sogar der Sabotage. Als sich 1943 der damalige Botschafter und Reichsbevollmächtigte in Italien, Rahn, in Fasano am Gardasee bemühte, zwischen beiden eine Annäherung herbeizuführen, sagte ihm Rommel:

»Herr Botschafter, es hat wenig Zweck zwischen Kesselring und mir vermitteln zu wollen, und ich will Ihnen auch sagen, warum. Ich vermute nicht nur, sondern ich weiß, daß der Feldmarschall Kesselring aus Eifersucht auf meinen Feldherrnruhm bei Alamein bewußt und absichtlich den militärischen Nachschub an Waffen, Munition und vor allem an Benzin verzögert hat.«

Als Rahn daraufhin ankündigte, er sehe sich gezwungen, die »ungeheuerliche Anschuldigung« zum Gegenstand einer Untersuchung zu machen, winkte Rommel begütigend ab und sagte, dies hätte keinen Zweck. Er wisse doch, daß Kesselring nach wie vor »das Ohr des Führers« besitze. Außerdem sei es schwierig, schlüssige und juristisch bindende Beweise für diesen Vorgang beizubringen. Die Sache verlief im Sande.

General Guderian hielt die Propaganda-Show um Rommel

eines Offiziers für unwürdig. Seiner Frau hatte er 1941 geschrieben, schon den Sieg über die Sowjetunion und den Einmarsch in Moskau vorwegnehmend, »ich möchte unter gar keinen Umständen eine Propaganda à la Rommel mit meiner Person getrieben wissen«. Rommel machte zeitweise Guderian das Image des bedeutendsten Panzergenerals der Wehrmacht streitig. Auch in der Vorbereitungsphase der Invasionsschlacht prallten die Widersacher hinsichtlich der Art des Einsatzes der Panzerdivisionen aufeinander.

Ebenfalls wenig hielt der alte Oberbefehlshaber West vom »Parvenü« Rommel, fürchtete er doch, dieser könnte ihn von seinem Posten verdrängen. Von Rundstedt vertrat die Auffassung, Rommel gebe gerade noch einen guten Divisonskommandeur ab, »aber nicht mehr«. Außerdem gab es Untergebene, wie zum Beispiel General Streich, die Rommel hatte ablösen lassen, oder solche, die er in der Hitze des Gefechtes beleidigt hatte, wie den Pour le mérite-Träger Kirchheim. Am Feldtelefon hatte ihn Rommel während der Schlacht um Tobruk im April 1941 der Feigheit bezichtigt und mit seiner Ablösung gedroht.

Verachtet wurde Rommel vor allem im Oberkommando der Wehrmacht, also in der unmittelbaren Umgebung Hitlers. Jahrelang hatten Jodl und Keitel, der noch vor dem Nürnberger Tribunal verächtlich von »Rommels Schießexpedition« in Afrika sprach, befürchtet, daß der »Favorit des Führers« zum Oberbefehlshaber des Heeres avancieren würde. Weshalb sie dies nicht gutheißen konnten, lag auf der Hand, denn Rommel machte aus seiner ablehnenden Haltung gegenüber den Generalstabsoffizieren keinen Hehl. Mehrmals, so zum Beispiel bei der Besprechung im Führerhauptquartier in der Nähe von Soissons im Juni 1944, hatte der Feldmarschall, in Anwesenheit Keitels und Jodls, Hitler in scharfer Form darauf hingewiesen, »daß bisher noch keine maßgebliche Persönlichkeit« aus der Umgebung des Führers oder von den Oberkommandos der Wehrmacht an die Front gekommen sei, um sich selbst ein Urteil über die Lage und die feindliche Waffenwirkung zu bilden. Es werde »am grünen Tisch befohlen« – so Rommel vorwurfsvoll – »die frontnahe Beurteilung der Dinge fehlt« – und zudem – »sie verlangen wir sollen

Vertrauen haben und man traut uns selber nicht«. Männer wie Keitel und Jodl waren es, die seiner Auffassung zufolge dem überlasteten Hitler falsch »soufflierten«. Sie trugen damit – ähnlich wie die Generalität im Ersten Weltkrieg – ein gut Teil Verantwortung für die verfahrene militärische Lage an den Fronten, meinte Rommel. Allzu schnell neigten sie, die es nicht wahrhaben wollten, daß der Krieg verlorenginge, dazu, anderen die Schuld dafür zu geben. Keitel hatte einmal zu Rommel gesagt, als er Hitler auf den Ernst der Lage aufmerksam machte, »sie müssen besser kämpfen, Rommel!« Warlimont, der Stellvertreter Jodls, bezichtigte Rommel sogar der Feigheit. Er mußte sich nach Rommels Intervention bei Hitler auf Befehl des »Führers« beim Feldmarschall entschuldigen.

Rommel glaubte zu wissen, daß jene »ganz kalten Leute da oben«, wie er Keitel und Jodl mitunter zu nennen pflegte, nur auf eine Gelegenheit warteten, ihn, den unbequemen Feldmarschall, zu entfernen. Schon vor und während der Abwehrschlacht im Westen schloß er diese Möglichkeit nicht aus. Ständig führte er daher die wichtigsten ihn entlastenden Aktenstücke in diesen Monaten mit sich. Von einer weiteren Absicherungsmaßnahme schrieb Ruge in seinem stenographischen Tagebuch: »Rommel fragt jetzt immer nach, daß ihm das Oberkommando der Wehrmacht nicht die Verantwortung zuschieben kann, was es immer versucht.« Mitte Juni 1944 notierte der Marineverbindungsoffizier, Jodl versuche, Rommel »abzuschießen«. Als der Oberbefehlshaber West, Rundstedt, und ein Korpskommandeur abgelöst wurden, weil sie – wie Rommel – »nach oben« gemeldet hatten, daß die Lage an den Fronten hoffnungslos sei, glaubte dieser, auch er würde seines Postens als Oberbefehlshaber der Heeresgruppe B enthoben.

Doch noch besaß Rommel im Chef des Heerespersonalamtes und Wehrmachtschefadjutanten, Schmundt, einem der engsten Vertrauten Hitlers, einen Wahrer seiner Interessen. Jahrelang hatte sich Schmundt, den Rommel »Apostel Johannes« nannte, für den »hochzuverehrenden Herrn General«, wie er Rommel in seinen zahlreichen Briefen anschrieb, bei Hitler eingesetzt. Manches Anliegen Rommels hatte er an Keitel und Jodl vorbei direkt an den »Führer« herangetragen. Noch kurz vor dem 20. Juli 1944, als sich Rommels Beziehung zu Hitler durch seine pessimistische Auffassung zum Kriegsausgang zu verschlechtern begann, hatte Schmundt dem Feldmarschall telegraphiert: »Vergessen sie nicht, daß sie immer auf mich zählen können«. Im entscheidenden Moment sollte dem Feldmarschall Schmundts Zusicherung nichts mehr nutzen, denn dieser hatte in unmittelbarer Nähe der Bombe gestanden, die von Stauffenberg am 20. Juli unter dem Kartentisch der Lagebaracke in der Wolfsschanze plaziert hatte. Hitlers Chefadjutant war schwer verletzt worden, schien zu genesen und starb dann überraschend am 1. Oktober 1944. Rommel zweifelte daran, daß Schmundt tatsächlich den Folgen seiner schweren Verletzung erlegen war.

Als Speidel am 5. September 1944 seinen Besuch beim Feldmarschall in Herrlingen beendete, mußte sich Rommel mehr denn je darüber im klaren sein, daß sich etwas gegen ihn »zusammenbraute«. Die Abberufung seines früheren Stabschefs Speidel deutete darauf hin. Als Rommel dann noch von dessen Verhaftung erfuhr, schien ihm der Beweis für diese Vermutung erbracht. Daß Speidels Festnahme im Zusammenhang mit den Ereignissen um den 20. Juli stand, sah der ganz aufs Militärische fixierte Rommel nicht. So war seine kameradschaftliche Intervention bei Hitler ein militärisches Rechtfertigungsschreiben für seinen schwäbischen Landsmann Speidel. Darin hieß es, schon während seiner ersten Wochen im Westen habe sich Speidel als überdurchschnittlich intelligenter und effizienter Stabschef erwiesen.

»Er kontrollierte den Stab, zeigte großes Einfühlungsvermögen und half mir loyal, die Verteidigungsvorkehrungen, soweit es die materiellen Möglichkeiten erlaubten, zu vervollständigen. Als ich an der Front war, was meist täglich geschah, konnte ich mich darauf verlassen, daß Speidel meine vorher mit ihm abgesprochenen Befehle ausführte.«

Besonderen Nachdruck verlieh Rommel seinem Schreiben durch seine – einem abermaligen Loyalitätsbekenntnis gegenüber Hitler gleichkommenden – abschließenden Worte:

»Sie, mein Führer, wissen, daß ich stets meine ganze Kraft und

mein ganzes Können gegeben habe, sei es während des Westfeldzuges 1940, in Afrika 1941 – 43, in Italien 1943 oder abermals
1944 im Westen. Nur ein Gedanke beherrscht mich immer, zu
kämpfen und zu siegen für unser neues Deutschland.«

Der Teufelskreis

Als Rommel am 1. Oktober 1944 das »Heil Mein Führer!« unter
den Brief geschrieben hatte, war er offenbar von Speidel schon
schwer belastet worden. Der Generalleutnant, der inzwischen
vom gefolterten Hofacker der Mitwisserschaft am Attentat auf
Hitler bezichtigt worden war, mußte in der Ausweglosigkeit seiner
Situation – der Galgen schien auch ihm sicher zu sein – behauptet
haben, er habe zwar von Hofacker den Termin des Attentats erfahren, diesen aber pflichtgemäß an seinen Vorgesetzten Rommel
weitergemeldet. Damit hatte Speidel die Verantwortung für die
unterlassene Weitermeldung ans Oberkommando der Wehrmacht auf Rommel abgeschoben. Ob Speidels Aussage glaubwür-
dig sei, darüber sollte nunmehr der Ehrenhof des Heeres entscheiden. Ihm oblag es, Wehrmachtsangehörige aus den Streitkräften
auszustoßen und damit der Zuständigkeit des Volksgerichtshofes
zu überstellen.

Speidels Verfahren fand am 4. Oktober statt. Als Vertreter der
Anklage fungierte Sicherheitsdienst-Chef Kaltenbrunner. Als
Richter waren sechs Heeresgenerale anwesend. Unter ihnen
Kirchheim, Guderian und Keitel, dem der Vorsitz oblag. Kirch-
heim und Guderian erklärten zwei Jahre nach dem Ende des
Zweiten Weltkrieges an Eidesstatt über den Verlauf der Ehren-
hofssitzung:

»Kaltenbrunner trug den Tatbestand vor. Nach eigener Erklärung Generalleutnant Speidels habe er durch einen entsandten
Offizier (gemeint war Hofacker) von General von Stülpnagel
Kenntnis vom Plan für das Attentat vom 20. Juli 1944 erhalten.
Er habe zwar dem Generalfeldmarschall Rommel Meldung hier-
von gemacht , aber als Rommel die Weitermeldung unterließ,
wäre es (die) Pflicht Speidels gewesen, seinerseits unverzüglich

Rommel mit seinem Chef des Stabes, Generalleutnant Hans Speidel, am 16. Juli 1944 an der Invasionsfront.

über den Plan für das Attentat zu berichten. Seine Entschuldigung, ihm sei nicht bekannt gewesen, daß Rommel die Meldung unterließ, sei unglaubhaft. In seiner Stellung als Chef des Stabes habe ihm Rommel seine Absicht, die Meldung zu unterlassen, bestimmt nicht verschwiegen.«

Soweit Kaltenbrunner und Keitel, die Rommel ohnehin als überführt betrachteten und dafür eingetreten sein sollen – dies erklärten Kirchheim und Guderian weiter –, Speidel aus der Wehrmacht auszustoßen und dem Volksgerichtshof zur Aburteilung zu überstellen. Keitel und Kaltenbrunner gingen also davon aus, daß Speidel und insbesondere Rommel am Umsturzversuch beteiligt gewesen seien. Die Richter standen damit vor der Entscheidung, Speidels Aussage, er habe seinem Vorgesetzten pflichtgemäß Meldung über das geplante Attentat gemacht, als bloße Ausflucht zu bewerten und damit Rommel zu entlasten, oder Speidels Aussage Glauben zu schenken und die alleinige Verantwortung Rommel zuzuschreiben.

Die Generale des Ehrenhofes, allen voran Guderian, entschieden sich für die zweite Möglichkeit. Ob sie dies taten, weil sie Rommel ohnehin als überführt betrachteten, oder ob dies aus anderen Gründen geschah, hüllt sich in historisches Dunkel. Tatsache bleibt, daß Guderian »leidenschaftlich und energisch« versuchte, den Anwesenden klar zu machen, daß Speidel mit der vermeintlichen Meldung an Rommel seiner Pflicht genüge getan habe. Kirchheim erinnerte sich, Guderian habe »zweifellos das Hauptverdienst daran, daß die Richter sich für ein ›nichtschuldig‹ durchrangen«. Der Ablauf dieser Ehrenhofsitzung wurde Speidel im August 1945 von Kirchheim in einem Brief aus englischer Kriegsgefangenschaft geschildert. Speidel hat Kirchheims Darstellung nicht widersprochen, vielmehr bestätigte er Jahre später, daß Guderian, »sich in einer zwanzig Minuten dauernden Debatte mit Keitel vor mich gestellt« hatte.

»Danach gab er sein Votum für mich ab. So ist es ihm zu verdanken, daß eine Verurteilung durch den sogenannten Volksgerichtshof nicht erfolgt ist.«

Speidel, der nach dem Zweiten Weltkrieg bis zum Oberbefehlshaber der Nato-Landstreitkräfte Europa-Mitte aufstieg, wies zeitlebens den Vorwurf, er habe Rommel bei seinen Verhören durch die Gestapo belastet, zurück. Die Frage, warum er habe überleben können und Rommel nicht, beantwortete er stets damit, daß Hofacker seine ihn belastende Aussage zurückgenommen hatte. Speidel schrieb 1945:

»Mit einer mehrstündigen Gegenüberstellung mit dem schon zum Tode verurteilten und gefesselten Oberstleutnant Dr. von Hofacker schloß die Vernehmungskette. Dr. von Hofacker hatte sich völlig in der Hand, obwohl er Spuren von körperlicher Züchtigung aufwies. In souveräner Weise stellte er sich vor mich. Auf Vorhalt seiner früheren Aussagen über das Attentat widerrief er seine Aussage über meine Mitwisserschaft mit den Worten, es müsse sich um eine Gedächtnisverwechselung gehandelt haben.«

Ausgerechnet Keitel, der für Speidels Schuld plädiert hatte, sollte dessen Behauptung nach dem Kriege stützen. Der Paladin des Führers hob während des Nürnberger Hauptkriegsverbrecherprozesses ausdrücklich hervor, daß Speidel seinen früheren Vorgesetzten Rommel nicht belastet habe. Er fürchtete wohl den als Widerstandskämpfer rehabilitierten Speidel, den er hatte an den Galgen bringen wollen. Keitel ahnte nicht, daß Guderian und Kirchheim im Jahre 1947 eidesstattliche Erklärungen über eben diese Ehrenhofsitzung abgeben würden, der er (Keitel) vorgestanden hatte und deren Gegenstand die Rommel belastende Aussage Speidels gewesen war.

Keitel sprach in Nürnberg neben einem anderen Belastungsmoment, an das er sich nicht mehr erinnern konnte – vermutlich meinte er die Goerdeler-Unterlagen –, nur noch von Oberstleutnant von Hofacker. Dieser sollte – so Keitel – ausgesagt haben, Rommel sei von den Attentatsplänen, die ihm Hofacker am 9. Juli offenbart haben soll, begeistert gewesen und habe ihm (Hofacker) bei seinem Abschied in La Roche Guyon noch nachgerufen, »sagen sie den Herren in Berlin, sie können auf mich zählen, wenn es soweit ist«. Keitel behauptete weiter, daß dieses Rommel entscheidend belastende Vernehmungsprotokoll Hofackers erst in der zweiten Oktoberwoche dem Oberkommando der Wehrmacht und damit Hitler überstellt worden sei. Tatsächlich war der Oberstleutnant bereits im August verhört und Ende desselben Monats zum Tode verurteilt worden. Sollte sich die Gestapo in einer so wichtigen Angelegenheit mehr als einen Monat Zeit gelassen zu haben, um Hitler zu melden, daß Rommel in den Widerstand verstrickt sei? Denn noch am 7. Oktober 1944 hatte Hitler, dem schon Anfang August mitgeteilt worden war, was Hofacker tatsächlich über Rommel ausgesagt hatte, erwogen, mit dem Feldmarschall alsbald über dessen weitere Verwendung zu sprechen. An diesem Tag beauftragte Hitler nämlich Keitel, in dieser Angelegenheit den Feldmarschall anrufen zu lassen.

Bei all dem liegt die Vermutung näher, daß es eben erst jenes Urteil der Ehrenhofsitzung im Falle Speidel war, das denjenigen, die Rommel beseitigen wollten, die Möglichkeit dazu gab. Es war jedoch ein allzu »dünnes« Verdachtsmoment, basierte es doch letztlich nur auf der Aussage Speidels. Sollte bei Hitler Wirkung erzielt werden, galt es, den Verdacht zu untermauern. Keine Woche später, am 12. oder 13. Oktober, lag dann tatsächlich das weitere Belastungsmaterial Hitler vor: Rommel überführende Aussagen von Hofacker und von dem seit sechs Wochen toten von Stülpnagel. Sollte Hofacker ausgerechnet jetzt wider besseres Wissen den Feldmarschall der Verschwörung bezichtigt haben? Sollten eindeutige Aussagen Stülpnagels (dieser war ja bereits Ende August hingerichtet worden) mehr als einen Monat lang liegengeblieben sein? Drängt sich da nicht eher der Verdacht auf, daß der Aussage Speidels, den Hitler im Gegensatz zu Rommel der Verschwörung verdächtigte, mit gefälschten Vernehmungsprotokollen nachgeholfen wurde? Alfred-Ingemar Berndt, Rommels langjähriger Vertrauter und Verbindungsmann zu den führenden Kreisen des Reiches, äußerte schon im Oktober 1944 einen solchen Verdacht. Berndt, der kurz vor Kriegsende in Ungarn fiel, schrieb im Oktober 1944 an Rommels Witwe, daß der Reichsführer SS nicht beteiligt sei. »Dieser ist aufs tiefste erschüttert.« Auch Hitler sei unschuldig. »Alles ist das Werk von Keitel und Jodl.«

Rommel rechnete unterdessen nach wie vor fest mit seiner Verhaftung wegen der fehlgeschlagenen Abwehr der Invasion. Als man ihm am 7. Oktober vom Oberkommando der Wehrmacht einen Sonderzug für den 10. Oktober nach Ulm schicken wollte, der ihn nach Berlin bringen sollte, lehnte er mit der Begründung ab, sein Gesundheitszustand erlaube eine derartige Reise noch nicht. Während es bei diesem Anruf tatsächlich noch um Rommels weitere Verwendung ging, befürchtete der Feldmarschall, es handele sich um einen bloßen Vorwand, ihn zur Abrechnung von Herrlingen wegzulocken. Für diejenigen, die von einer vermeintlichen Beteiligung Rommels am Widerstand erfahren hatten, war die Absage des sonst so ehrgeizigen Generals im nachhinein ein weiteres Indiz für seine Schuld, zumal die Spitzel der Gestapo, die Rommels Haus in Herrlingen beschatteten, von der fortgeschrittenen Genesung des Feldmarschalles nach Berlin berichtet hatten. Am 13. Oktober klingelte im Hause der Rommels abermals das Telefon. Vom Oberkommando der Wehrmacht wurde für den folgenden Tag der Besuch zweier Offiziere angekündigt – es waren General Burgdorf, Schmundts Nachfolger als Chefadjutant bei Hitler, und der Chef für Ehrenangelegenheiten im Heerespersonalamt, General Maisel. Ihr Besuch sollte dann tatsächlich nicht mehr der weiteren Verwendung des Feldmarschalls gelten.

Das Ende

Als die Generale Rommel am 14. Oktober das Belastungsmaterial vorlegten, begriff der Feldmarschall, der noch kurz zuvor zu seinem Adjutanten gesagt hatte, er solle die Tasche mit den Unterlagen über die Invasionsschlacht bereithalten, worum es tatsächlich ging. Er begriff auch, daß es viel leichter war, ihn als Verräter abzustempeln, als ihm militärisches Versagen nachzuweisen. Hatte er nicht zu Hofacker und Speidel gesagt, daß nach der geglückten Landung in der Normandie die politischen Konsequenzen gezogen werden müßten? Ja, sogar gegenüber Hitler war er vehement dafür eingetreten. Rommel glaubte zu wissen, daß es sich um die Intrige bestimmter Generale handelte. Seine erste Frage an Burgdorf lautete demnach: »Weiß der Führer davon?« Die Antwort des Generals machte Rommel klar, daß auch

Hitler durch diese Intrige getäuscht worden war. Um so mehr war der Feldmarschall davon überzeugt, daß diejenigen, die diesen teuflischen Plan ausgedacht hatten, es niemals zulassen würden, daß er lebend zu Hitler gelangte. Seiner Frau Lucie sagte er, als er sich von ihr verabschiedete, er sei der festen Überzeugung, daß er niemals vor das Volksgericht komme, sondern schon vorher beseitigt werde.

Wenn Rommel es nicht riskierte, dennoch den Weg zu Hitler zu suchen, dann auch deshalb, weil er im Herbst 1944 ein gebrochener Mann war. Wie nach dem Ersten Weltkrieg stand nunmehr unweigerlich fest, daß alles wieder einmal umsonst gewesen war. Freilich, er war zum Feldmarschall aufgestiegen. Doch was war mit all den damit verbundenen Opfern, insbesondere denen seiner Soldaten, die zu Tausenden gefallen waren? In Nordafrika war er besiegt worden und in der entscheidenden Invasionsschlacht wiederum. Die Niederlage des Reiches war auch seine ganz persönliche. Auch hatte er erkennen müssen, daß sein oberster Befehlshaber nicht mehr die Kraft aufbringen würde, den Dingen noch einmal einen anderen Lauf zu geben, wie er es in den vergangenen elf Jahren so oft getan hatte. Rommel wußte, daß er einem Oberbefehlshaber treu zu dienen hatte, der in seinem Hauptquartier gelähmt dem unaufhaltsam näherrückenden Ende entgegensah. Rommel hatte resigniert. Nur noch die Erinnerung an die Zeiten seiner großen Siege, die Erstürmung des Matajur, den Siegeslauf zum Atlantik mit der 7. Panzerdivision oder die triumphale Erstürmung der Festung Tobruk, mit der das Tor nach Ägypten aufgestoßen zu sein schien, erhellten das Gemüt des Feldmarschalls. Doch was waren diese Siege, verglichen mit der Katastrophe, vor der das Reich nun stand? »Es ist sehr dunkel geworden um uns«, sind die letzten vielsagenden Worte seines Buches *Krieg ohne Haß*, das er in jenem Herbst vollendete. Düster waren auch seine Ahnungen für die Zukunft. Zu Ruge, seinem Gesprächspartner bei den Spaziergängen im Park des Schlosses von La Roche Guyon, hatte er im Sommer 1944 gesagt, das wichtigste sei die Einheit der Nation. Sie gelte es zu wahren.

Je näher das Ende des Krieges rückte, desto mehr richteten

sich die Gedanken des Feldmarschalls auf sein eigenes Ende. Mit
Ruge hatte er über den Tod gesprochen – über den Freitod des
Soldaten in der Niederlage. »Mehrfach erörtert, ob sich Offizier
erschießen soll oder nicht«. Jetzt stand Rommel vor der grausamen Alternative, sich selbst zu töten oder getötet zu werden.
Rommel entschied sich für ersteres. Burgdorf hatte ihm Hitlers
Vorstellungen für diesen Fall vorgetragen. Seine Ehre bliebe gewahrt und würde nicht durch ungerechtfertigte Anschuldigungen verunglimpft. Hitler ließ ihm auch versichern, er erhalte ein
Staatsbegräbnis, und ein Denkmal solle errichtet werden, das an
seine Leistungen für »Führer und Reich« erinnere.

So ging der Feldmarschall an jenem Oktobermittag in sein letztes
Gefecht, von dem er von vornherein wußte, daß er es verlieren
würde. Und dennoch hatte es für ihn einen Sinn: Es bewahrte
Frau und Sohn vor Verfolgung und Sippenhaft. Vom dramatischen Abschied ihres Mannes berichtet Lucie Rommel:
     »Es ist mir nicht möglich auszudrücken, was in seinem Gesicht
zu lesen war. Auf die Frage, was denn los sei, antwortete mein
Mann geistesabwesend: In einer Viertelstunde bin ich tot. Er
werde im Auftrag des Führers vor die Wahl gestellt, sich entweder vergiften zu lassen oder vor das Volksgericht gestellt zu werden. Er werde der Beteiligung des 20. Juli bezichtigt. General der
Infanterie von Stülpnagel, Generalleutnant Speidel und Oberstleutnant Hofacker hätten belastende Aussagen gemacht. Ferner
sei er auf der Liste des Oberbürgermeisters Goerdeler als Reichspräsident vorgesehen. Mein Mann hat den Generalen Burgdorf
und Maisel geantwortet, daß er das nicht glauben könne, da es
nicht der Wahrheit entspräche; es könne sich höchstens um das
Ergebnis bekannter Erpressungsmethoden handeln.«
     Dann verabschiedete sich Rommel von Frau, Sohn und Adju-
tanten und verließ in voller Uniform mit dem Marschallstab in
der Hand das Haus. »Wir begleiteten ihn bis zum Wagen«,
schrieb sein Sohn später, »wo ihn die Generale mit ›Heil Hitler‹
begrüßten. Mein Vater stieg als erster ein und nahm im Rücksitz
Platz. Dann fuhr der Wagen in Richtung Blaubeuren davon«.
     Was sich dann ereignete, schilderte der Fahrer des Wagens.

Zweihundert Meter hinter dem Ortsausgang von Herrlingen sagte General Burgdorf zu diesem, er solle anhalten.

»General Maisel ging mit mir weg, noch ein Stück höher den Weg hinauf. Nach einiger Zeit – etwa fünf bis zehn Minuten – rief uns Burgdorf zum Wagen zurück. Ich sah Rommel hinten im Wagen sitzen, offenbar im Sterben, besinnunglos, in sich zusammengesunken, schluchzend, nicht röchelnd oder stöhnend, sondern schluchzend. Die Mütze war ihm heruntergefallen. Ich richtete ihn noch auf und setzte ihm die Mütze wieder auf.«

Der unerschrockene Truppenführer zweier Weltkriege hatte die Giftampulle zerbissen, die Keitel für ihn mitgegeben hatte. Dann wurde es still im Fond des kleinen Opel. Generalfeldmarschall Erwin Rommel war tot.

Wie vereinbart, brachten die Generale Burgdorf und Maisel den Leichnam Rommels in ein Ulmer Reservelazarett. Die Todesursache, die dort festgestellt wurde, lautete: Herzschlag. Kurz darauf wurde Lucie Rommel benachrichtigt. Ihr Mann wäre unterwegs von einem plötzlichen Unwohlsein befallen und in das Lazarett eingeliefert worden, »anscheinend als Folgezustand einer Embolie«. Jede ärztliche Hilfe sei jedoch zu spät gekommen. Vom Ulmer Reservelazarett wurde gleichzeitig ein »Führungsblitzgespräch« geführt. General Burgdorf meldete Keitel den »Vollzug«.

Hitler wurde erst bei der Abendlage in aller Knappheit gemeldet, daß Rommel an den Folgen seines Autounfalls während des Westfeldzuges gestorben sei. Seine einzige Reaktion war ein ausdrucksloses, »wieder einer von den Alten«. Für Hitler, der kurz zuvor seinen langjährigen Chefadjutanten und Verbindungsmann Rommels, General Schmundt, verloren hatte, war der Gifttod seines Feldmarschalls der Beweis dafür, daß sich dieser von ihm abgewandt hatte. Eine derartige persönliche Niederlage wollte er sich nicht eingestehen, so daß er die Fiktion von Rommels Embolie selbst gegenüber seiner nächsten Umgebung aufrechtzuerhalten suchte. Im gesamten Führerhauptquartier tat man sich schwer mit den unterdessen durchgedrungenen »wahren Ursachen« von der vermeintlichen Zugehörigkeit des Feld-

marschalles zum Widerstand. Nicolaus von Below, Hitlers Luftwaffenadjutant, schrieb darüber in seinen Erinnerungen:

»Wir stimmten darin überein, daß Rommel nur durch Beein-
flußungen Dritter, kaum aus eigenem Beschluß sich gegen Hitler
gestellt hatte.«

Hitler hielt sein Versprechen, das Ansehen Rommels zu wahren. In seinem Tagesbefehl zum Tode des Generalfeldmarschalls
hieß es dann auch, dieser sei an den Folgen seiner schweren Verletzung, die er als Oberbefehlshaber einer Heeresgruppe bei
einer Frontfahrt durch einen Kraftwagenunfall erlitten hatte,
erlegen. Mit Rommel sei einer der besten Heerführer dahinge-
gangen.

»Sein Name ist im gegenwärtigen Schicksalskampf des deutschen Volkes der Begriff für hervorragende Tapferkeit und uner-
schrockenes Draufgängertum.«

Die Trauerfeier, die Hitler arrangieren ließ und die die
Wochenschau in die noch im Reich stehenden Kinos brachte,
wäre denn auch diesem Ruf des Feldmarschalls gerecht geworden, wäre sie nicht so verlogen gewesen. Alle verfügbaren Truppen aus der Umgebung Ulms waren dazu aufgeboten worden.
Vier Ehrenkompanien waren vor dem Rathaus der schwäbischen Kreisstadt angetreten. Ein Musikkorps spielte unentwegt
Trauermärsche, die die Tausende, die gekommen waren, er-
schauern ließen. Darunter sicherlich auch manch einen der zahl-
reich anwesenden hohen Offiziere, die sich zum Staatsakt im
Rathaus eingefunden hatten. Auf dem in eine riesige Haken-
kreuzfahne gehüllten Sarg, an dem Generale des Heeres die Eh-
renwache hielten, lagen Rommels Stahlhelm und Marschallstab.
Davor, auf einem Samtkissen, seine Auszeichnungen: allen voran
der Pour le mérite und das Ritterkreuz zum Eisernen Kreuz mit
Eichenlaub und Schwertern und Brillanten. Als die Angehörigen
des toten Feldmarschalls den Saal betraten, erklang der Trauer-
marsch aus Wagners Götterdämmerung.

Die vom Oberkommando der Wehrmacht beim Propagandaministerium in Auftrag gegebene Trauerrede hielt Generalfeldmarschall von Rundstedt »im Namen des Führers, der uns
als oberster Befehlshaber an diese Stätte gerufen hat, um Ab-

schied zu nehmen von seinem auf dem Felde der Ehre gebliebenen Generalfeldmarschall... Das deutsche Volk hat in einer geradezu einmaligen Art den Generalfeldmarschall Rommel geliebt und gefeiert«. Mit ihm sei »jener große soldatische Führer von uns gegangen, wie sie einem Volke nur selten gegeben werden. Tief verwurzelt im deutschen Soldatentum gab er sein Leben ausschließlich der Arbeit und dem Kampf für Führer und Reich.« Mit den Worten, »sein Herz gehörte dem Führer«, schloß Rundstedt und legte Hitlers prächtigen Kranz nieder, ehe das so zynische und zugleich so wahre »Ich hatt' einen Kameraden« erklang.

Der Mythos

Der mysteriöse Tod des Feldmarschalls Erwin Rommel führte schon unmittelbar nach Kriegsende in Deutschland zu mannigfaltigen Spekulationen. Man fragte sich, ob der Feldmarschall tatsächlich an den Folgen seiner schweren Verwundung gestorben sei, wie es die nationalsozialistische Propaganda hatte glauben machen wollen. Rommels Sohn beendete die Mutmaßungen mit einer im April 1945 verfaßten eidesstattlichen Erklärung, die in der ersten Nachkriegsausgabe des *Südkuriers* vom 8. September 1945 abgedruckt wurde. Dort hieß es, der Feldmarschall sei nicht eines natürlichen Todes gestorben, sondern auf Hitlers Befehl beseitigt worden. In der genauen Schilderung der Ereignisse des 14.Oktober 1944 schrieb Rommel, sein Vater habe ihm, als er sich verabschiedete, gesagt:

»Er sei der Mitbeteiligung am 20.7.1944 verdächtigt worden. Sein früherer Generalstabschef, Generalleutnant Speidel, der wenige Wochen vorher verhaftet worden war, hätte ausgesagt, daß mein Vater führend am 20.7.1944 beteiligt gewesen wäre und nur durch seine Verwundung an der direkten Teilnahme verhindert wurde. Dieselben Aussagen hätte General von Stülpnagel gemacht.(...) Außerdem war mein Vater auf der Liste des Oberbürgermeisters Goerdeler als Ministerpräsident (gemeint ist hier: Reichspräsident, d.Verf.) angeführt. Der Führer wollte sein Andenken vor dem deutschen Volk nicht herabsetzen und gab ihm daher die Chance des Freitodes mittels einer Giftampulle.«

Mit dieser Erklärung wurden die Spekulationen um Rommel jedoch nicht beendet. Sie erhielten vielmehr neue Nahrung. Der

Feldmarschall wurde jetzt in Zusammenhang mit dem Widerstand gegen Hitler gebracht. Dies lag nahe, denn weshalb sollte sich Rommel getötet haben, hätten die Aussagen Speidels und Stülpnagels nicht zugetroffen. Die Frage, die aufgeworfen wurde, beantwortete noch im selben Monat Rommels Witwe. Sie schrieb einem Bekannten, er möge ihr helfen, »die vielen Veröffentlichungen in Radio, Presse und die ebenso zahlreichen Gerüchte richtigzustellen, um dadurch den Namen Rommel reinzuhalten und die Ehre des Generalfeldmarschalls, eines Sohnes Württembergs, zu wahren. Ich möchte nochmals feststellen, daß mein Mann nicht an den Vorbereitungen und der Ausführung des 20.7.1944 beteiligt war, da er es als Soldat ablehnte, diesen Weg zu beschreiten. Mein Mann vertrat von jeher immer ehrlich seine Meinung, seine Absichten und Pläne auch den höchsten Stellen gegenüber, (...), auch wenn es den übergeordneten Stellen und der Führung nicht angenehm war. Er war während seiner ganzen Laufbahn immer Soldat und nie Politiker...«

Wenn die Frau des Feldmarschalls sorgsam darüber wachte, daß sein Ansehen nicht Schaden erlitte, dann entsprach dies der im frühen Nachkriegsdeutschland weitverbreiteten Überzeugung, sich nicht mit den Widerstandskämpfern identifiziert wissen zu wollen. Als oberste Pflicht des Soldaten galt nach wie vor die Treue. Zum Desaster wurde das Verständnis von der soldatischen Treue, als man im Zuge der Entnazifizierungskampagnen der Alliierten allmählich begriff, daß man nicht nur einen Krieg verloren hatte. Weitaus bitterer als die Niederlage war nämlich die Erkenntnis, daß sich der deutsche Staat Hitlers, dem man in welcher Form auch immer gedient hatte, schwerster Verbrechen schuldig gemacht hatte. Was den Soldaten an der Ostfront flüchtig aufgefallen war, was man fragmentarisch von Kameraden gehört hatte, wo man weggesehen hatte, weil es selbst zu überleben galt, und was verdrängt wurde, weil es einfach nicht wahr sein konnte, war jetzt nicht nur zur traurigen Gewißheit geworden, sondern überstieg auch bei weitem das Ausmaß des Vorstellbaren. Das Elend, das man in der Heimat und an den Fronten geduldig ertragen hatte, der Tod von Millionen Menschen, der als Pflicht und Dienst am Vaterland empfunden wurde, war nun be-

Während des Staatsaktes in Ulm am 18. Oktober 1944.

lastet mit dem Holocaust. Nichts schien geblieben von den zwölf Jahren, die tausend dauern sollten, als ein Häuflein zumeist aristokratischer Offiziere, an deren gescheitertem Versuch, die Tyrannei zu beenden, man sich noch gut erinnerte.

Die Gerüchte von der Zugehörigkeit des Feldmarschalls zum Widerstand hielten sich trotz der Richtigstellung der Familie Rommel daher hartnäckig. Einer ihrer wichtigsten Verfechter war aus allzu naheliegenden Gründen Generalleutnant a. D. Speidel, Rommels Stabschef im Westen. Zu Beginn des Jahres 1947 traf er im hessischen Oberursel mit dem früheren Befehlshaber einer Panzerdivision in der Normandie, General Geyr von Schweppenburg, zusammen, der im Auftrag der Amerikaner zusammen mit einigen Offizieren die Geschichte der Invasionsschlacht zu Papier brachte. Wie sich von Schweppenburg erinnerte und auch eidesstattlich erklärte, habe Speidel während des dreitägigen Treffens zu ihm gesagt, er »beabsichtige aus Rommel einen Nationalheros des deutschen Volkes zu machen«.

Eine solche Absicht verfolgten auch andere. Im September des darauffolgenden Jahres erschien in der Zeitung *Christ und Welt* ein Artikel, in dem neben der Würdigung der soldatischen Persönlichkeit der Feldmarschall in direkten Zusammenhang mit dem Widerstand gebracht wurde. In dem Artikel wurde dann bereits ein Buch angekündigt, in dem Speidel auf Rommels Verstrickung in den Widerstand ausführlicher eingehen sollte. Ende 1949 erschien es unter dem dem Titel *Invasion 1944, Ein Beitrag zu Rommel und des Reiches Schicksal*. Der studierte Altphilologe Speidel stilisierte darin den Feldmarschall zu einem der führenden Köpfe des Widerstandes:

»Erkenntnis und Entschluß Rommels kamen spät. Das soldatische Gewissen hatte sich erst allmählich zum politischen erweitert und versuchte ins religiöse vorzustoßen: mit der Frucht Jüngerscher Ideen vom Frieden, die ihn den Blick in Neuland, in die geheimnisvolle Wechselbeziehung von Glaube und Wirklichkeit ahnen ließen. Als er zur Tat schreiten wollte, trat das Schicksal dazwischen.«

Die frühe Legende vom Widerstandskämpfer Rommel zog sich dann wie ein roter Faden durch die Aufsätze und Bücher, die vor allem in Großbritannien über den Feldmarschall erschienen. Die erste Biographie wurde 1950 von Desmond Young, einem britischen Offizier, verfaßt, der gegen das Afrika-Korps gekämpft hatte. Das Vorwort schrieb kein anderer als der frühere Oberbefehlshaber der britischen Mitteloststreitkräfte, Sir Claude Auchinleck. Der britische Militärhistoriker Liddell Hart widmete sich zwei Jahre später ausführlich dem Thema Rommel. Er bereitete die Aufzeichnungen des deutschen Feldmarschalls über den Westfeldzug, den Afrikafeldzug und die Abwehrschlacht in der Normandie auf und gab diese begleitet von Rommels Briefen unter dem Titel *The Rommel-Papers* heraus.

Weshalb sich ausgerechnet die Briten mit einem Feldmarschall der damals verhaßten Deutschen befaßten – bemerkenswert ist, daß die vier größeren Rommel-Biographien von Engländern geschrieben wurden –, liegt auf der Hand. Bis zum Herbst 1942 war Nordafrika, nachdem sie vom Kontinent vertrieben worden waren, der einzig verbliebene Landkriegsschauplatz, auf dem die Briten gegen die Wehrmacht gekämpft hatten. Je länger sich der Krieg hingezogen hatte, desto geringer war das politische und militärische Gewicht Großbritanniens in der angloamerikanisch-sowjetischen Koalition geworden. Um den eigenen Anteil am Sieg über Deutschland in einem gebührenden Licht erscheinen zu lassen, wurde daher der Krieg in Nordafrika glorifiziert. Dementsprechend gefeiert wurden in der britischen Öffentlichkeit die dort eingesetzten Heerführer, allen voran Montgomery, der anläßlich seines Sieges über die weit unterlegene deutsche Panzerarmee im November 1942 vom britischen König als »Viscount of Alamein« in den Adelsstand gehoben wurde. Rommel, den man in der britischen Kriegspropaganda schon während des Weltkrieges zum Übermenschen emporgehoben hatte, um die – trotz eigener materieller Überlegenheit – Niederlage vom Winter 1941/42 zu vertuschen, blieb dies in Großbritannien nach dem Kriege; denn wenn schon dieser groß war, wie groß mußte erst derjenige sein, der ihn schließlich bezwungen hatte?

Die Sieger waren es demnach, die den verunsicherten Verlierern jenes Stück besseren deutschen Soldatentums, ja jenes bessere Stück Deutschland präsentierten. Und diese griffen die Vorgabe mit gutem Gewissen auf, denn in Nordafrika, wo Rommel gekämpft hatte, hatte nicht Hitlers rassenideologischer Vernichtungskrieg getobt, dort hatte es nicht millionenfachen Tod und Elend der Zivilbevölkerung gegeben, und dort hatten auch nicht die riesigen Vernichtungslager des Holocausts gestanden. Schon früh konnten sich so die alten Afrikakämpfer organisieren, ohne in den Ruf ewig gestriger Militaristen zu geraten. 1950 erschien erstmals wieder ihre im Kriege gegründete Feldzeitung *Die Oase*, jetzt als Zeitschrift des »Verbandes Deutsches Afrika-Korps e.V.« und des »Rommel Sozialwerkes e.V.« In vielen Orten der Bundesrepublik und Österreichs treffen sich seitdem die »Afrikaner«, wie die Ehemaligen genannte werden, regelmäßig zu Kameradschaftstreffen. An jedem 14. Oktober, dem Todestag ihres Erwin Rommel, kommen sie zu einer Gedenkfeier an dessen Grab im oberschwäbischen Herrlingen zusammen. Alle zwei Jahre versammeln sie sich zu ihrem Bundestreffen. Zu den Veranstaltungen der fünfziger Jahre gaben sich dann auch die letzten Lebenden der Schutztruppe im ehemaligen Deutsch-Ostafrika ihr Stelldichein. Allen voran ihr früherer Befehlshaber, der greise Lettow-Vorbeck, in khakifarbener Uniform und Tropenhelm, den Pour le mérite, den auch Rommel getragen hatte, am Hals. Damals und auch heute werden dann die Erinnerungen an längst vergangene Zeiten ausgetauscht oder die Fahrt zu den fernen Gräbern der Kameraden geplant, ehe sie alle gemeinsam nicht das Lied des Afrika-Korps von den Panzern, die gen Ägypten brausen, sondern das der alten deutschen Schutztruppe intonieren:

»Wie oft sind wir geschritten auf schmalem Negerpfad, wohl durch der Steppen Mitte, wenn früh der Morgen naht; wie lauschten wir dem Klange, dem altvertrauten Sange der Träger und Askari, Heia, Heia Safari…«

Weniger der dort nicht minder grausame Krieg als das propagandistisch aufbereitete Flair, das schon während des Zweiten Weltkrieges fasziniert hatte, als die ersten Verbände des deutschen Afrika-Korps über das Mittelmeer setzten, sowie das sich dort manifestierende »beste deutsche Soldatentum« gewährleisteten Rommels Popularität über die Zeiten und Generationen hinweg. Die Vielzahl der Publikationen verdeutlicht dies. Schon 1950 erschien Youngs Rommel-Biographie in deutscher Übersetzung. Im gleichen Jahr veröffentlichte die Witwe des Feldmarschalls in Zusammenarbeit mit dessen früherem Ia Bayerlein die Aufzeichnungen Rommels über die drei Kriegsschauplätze. Lewins Rommel-Biographie wurde 1965 ins Deutsche übersetzt. Irvings heftig umstrittenes Werk, in dem der Legende von Rommels Zugehörigkeit zum Widerstand ein Ende bereitet wurde, erschien 1978. Die Zahl der weniger bedeutenden Veröffentlichungen über Rommel und den Afrikafeldzug ist kaum noch zu überschauen und wächst kontinuierlich weiter.

Doch damit nicht genug. Rommel, dargestellt von amerikanischen Schauspielern, kehrte noch zweimal auf die Kinoleinwand zurück. Bereits im Jahre 1946 wurde *Five Graves to Cairo* gedreht. Dem kritisch-flachen Film folgte Ende der fünfziger Jahre ein zweiter, der dann ganz auf der Welle der Literatur über den Feldmarschall lag. Wenn auch der Streifen nicht *Sieg in Afrika* hieß, wie es Rommel kurz nach seiner Ankunft in Tripolis in jenem Februar 1941 italienischen Offizieren prophezeit hatte, sondern *Der Wüstenfuchs*, so war es doch irgendwie auch so etwas wie ein Sieg. Zu seiner Premiere in Stuttgart war neben den Angehörigen des Feldmarschalls und ehemaligen Generalen des Afrika-Korps auch der bei den »Afrikanern« unbeliebte Speidel gekommen.

So wurde das manchem noch gegenwärtige Bild, das sowohl die alliierte Presse als auch die Propaganda Goebbels vom afrikanischen Kriegsschauplatz und vor allem vom deutschen Feldmarschall gezeichnet hatten – jetzt freilich ohne das nationalsozialistische Pathos –, fortgeschrieben. Ein Zerrbild, das vom Wettstreit großer Feldherrn kündete, für die kein Vergleich zu gering war, wurde so langsam zum Gemeingut. Mit Napoleon und Hannibal wurde Rommel verglichen, für Montgomery mußten nicht minder bedeutende Strategen der Weltgeschichte herhalten. In den Weiten Nordafrikas führten sie »Wüstenfüchse« gegen »Wüstenratten« in einem ritterlichen Kampf, einem Kampf, der in einer Inschrift am Ehrenmal für die deutschen Gefallenen der El-Alamein-Schlacht, das ein paar Kilometer au-

ßerhalb des öden gleichnamigen ägyptischen Wüstennests erbaut wurde, noch einmal in pathetischen Worten beschworen
wird:

»Ob Feind, ob Freund oder Bruder, ob bei den Söhnen
Deutschlands, Italiens oder Englands – ritterlich war Eure Art,
menschlich hier das Gesetz.«

Dies mag ein Trost für die Überlebenden sein. Doch die deutsche Tragödie, die sich auch im Schicksal des Feldmarschalls Erwin Rommel spiegelt, bleibt unauslöschlich: dem »Führer« bis in
den Untergang gefolgt zu sein und dabei geglaubt zu haben, die
vaterländische Pflicht zu erfüllen.

ANHANG

Zeittafel

1891 15.11. Johannes Erwin Eugen Rommel wird als zweites von vier Kindern des Schullehrers (und späteren Rektors) Erwin Rommel und seiner Frau Helene, geborene von Luz, in Heidenheim an der Brenz geboren.

1908 Dreijähriger Besuch des Realgymnasiums Schwäbisch Gmünd.

1910 19.7. Eintritt in das württembergische Heer als Fahnenjunker beim Infanterieregiment König Wilhelm I. (6. Württ.) Nr. 124 in Weingarten am 19. Juli.

1911 März bis November Absolvierung eines Kriegsschullehrgangs an der Königlichen Kadettenschule in Danzig. Rommel lernt hier Lucie-Maria Mollin, seine spätere Frau, kennen.

1912 Im Januar Beförderung zum Leutnant. Tätigkeit in der Rekrutenausbildung in Weingarten.

1914 1.3. Versetzung zum 49. Feldartillerie-Regiment nach Ulm
1.8. Rückversetzung zum Infanterieregiment König Wilhelm I. (6. Württ.) Nr. 124. Kriegseinsatz in Belgien und Nordfrankreich.
Ende September Verleihung des Eisernen Kreuzes II. Klasse.

1915 Im Januar an den Kämpfen im Westteil der Argonnen beteiligt. Für den Sturm auf Labordaire und das Werk »Central« erhält Rommel als erster Soldat der Division das Eiserne Kreuz I. Klasse. Abermalige Verwundung im Juli. Beförderung zum Oberleutnant.

Ab Oktober Kompanieführer beim Württembergischen Gebirgsbataillon.

Ende 1915 Einsatz im Stellungskrieg in den Hochvogesen.

1916 Versetzung des Württ. Gebirgsbataillons nach Siebenbürgen an die rumänische Front (Bewegungskrieg).

27. 11. Hochzeit mit Lucie Maria Mollin.

1917 Beteiligung an den Kämpfen in den Südostkarpathen ab Anfang August.

26. 9. Versetzung an die Isonzofront.

10. 12. Verleihung des Ordens »Pour le mérite« für den Einbruch in die Kolovrat-Stellung, die Erstürmung des Monte Matajur (29. 10.) und die Einnahme von Longarone (Mitte November).

1918 Von Januar bis Kriegsende Stabsdienst beim Gen.-Kdo. 64. Beförderung zum Hauptmann im Oktober. Rückkehr zum Infanterieregiment Nr. 124 nach Weingarten.

1919 Im März Versetzung zur Sicherheitskompanie 32 nach Friedrichshafen.

1920 Im Frühjahr Einsatz gegen Aufständische im Münsterland und in Westfalen.

1921 1. 1. Obernahme einer Schützenkompanie des 13. Infanterieregiments in Stuttgart (bis 30. 9. 1929).

1928 24. 12. Geburt des Sohnes Manfred.

1929 1. 10. Infanterielehrer an der Dresdener Infanterieschule (bis 30. 9. 1933).

1933 1. 10. Kommandeur des III. Bataillons des Infanterieregiments Nr. 17 in Goslar (bis 14. 1. 1935). Beförderung zum Major.

1934 30. 9. Erstes Zusammentreffen mit Hitler in Goslar.

1935 Beförderung zum Oberstleutnant.

15. 10. Lehrgangsleiter an der Infanterieschule Potsdam (bis 9. 11. 1938).

1936 Verantwortlich für Sicherheitsvorkehrungen für Hitler und seine Begleitung beim Reichsparteitag in Nürnberg im September.

1937 Veröffentlichung seines Buches *Infanterie greift an*, von dem bis 1945 400000 Exemplare verkauft wurden.

1938 Oberbefehl über das Führerbegleitbataillon während des Einmarsches in die sudetendeutschen Gebiete Anfang Oktober.

10.11. Kommandeur der Kriegsschule in Wiener Neustadt (bis 22.8.1939).

1939 15.3. und 23.3. Kommandant des Führerhauptquartiers beim Einmarsch in Prag und bei der »Wiedereingliederung« des Memelgebiets.

23.8. Beförderung zum Generalmajor.

23.8.39 – 14.2.40 Kommandant des Führerhauptquartiers.

1940 10.2. Kommandeur der 7. Panzerdivision in Bad Godesberg.

Einsatz im Frankreichfeldzug.

16./17.5. Durchbruch durch die verlängerte Maginot-Linie.

27.5. Verleihung des Ritterkreuzes als erstem Divisionskommandeur in Frankreich.

1941 Beförderung zum Generalleutnant im Januar.

6.2. Rommel erhält das Afrika-Kommando (Unternehmen »Sonnenblume«).

31.3.–10.4. Rückeroberung der Cyrenaika.

11.–15.4./29.4.–1.5. Scheitern der Angriffe auf Tobruk.

15.–17.6. Sieg in der Panzerschlacht bei Sollum (Scheitern der britischen Operation »Battleaxe«).

21.8. Beförderung Rommels zum »General der Panzertruppe« und Oberbefehlshaber der »Panzergruppe Afrika«.

18.11. Beginn der zweiten britischen Offensive. Bis zum 31.12. Rückzug Rommels hinter die El Agheila-Linie.

1942 17.1. Ende der britischen Winteroffensive.

20.1. Verleihung der Schwerter zum Ritterkreuz an Rommel.

21.1. Beginn der Gegenoffensive Rommels.

Beförderung Rommels zum Generaloberst und Umbenennung der Panzergruppe in »Panzerarmee Afrika« im Januar.

Bis Anfang Februar Rückeroberung der Cyrenaika.

26.5. Beginn der Sommeroffensive mit dem Ziel der Eroberung Tobruks.

21.6. Kapitulation Tobruks.

22.6. Hitler befördert Rommel zum Generalfeldmarschall.

22.6.–30.6. Vorstoß bis El Alamein.

1.–3.7. Erste Schlacht bei El Alamein.

30.8.–2.9. Zweite Schlacht bei El Alamein.

23.9.–24.10. Rommel in Deutschland (Urlaub, ärztliche Behandlung).

2.11. Beginn der dritten britischen Offensive.

4.11. Beginn des Rückzuges Rommels nach britischem Durchbruchserfolg bei El Alamein.

8.11. Alliierte Landung in Nordafrika.

26.11. Flug Rommels zu Hitler zur persönlichen Berichterstattung.

1943 26.1. Mitteilung über die Kommando-Enthebung an Rommel.

23.2. Ernennung zum Oberbefehlshaber der Heeresgruppe Afrika.

9.3. Rommel verläßt Afrika.

11.3. Verleihung der Brillanten zum Ritterkreuz durch Hitler.

12/13.5. Kapitulation der Heeresgruppe Afrika.

15.7. Berufung Rommels zum Oberbefehlshaber der Heeresgruppe B.

30.7. Beginn der Invasion Italiens unter Rommels Kommando.

8.9. Beginn der Besetzung des italienischen Territoriums. Rommel in Norditalien, Kesselring in Süditalien befehlsführend.

5.11. Rommel erhält Auftrag zur »Besichtigung der getroffenen Verteidigungsmaßnahmen an der gesamten Küste gegenüber England« (Hitler direkt unterstellt).

1944 1.1. Übernahme aller deutschen Kräfte nördlich der Loire (Wehrmachtbefehlshaber Niederlande, 15. und 7.

Armee). Als Oberbefehlshaber der Heeresgruppe B dem OB West, Generalfeldmarschall von Rundstedt, unterstellt.

Von Januar bis Mai wiederholte Inspektionsfahrten entlang der französischen Atlantik- und Mittelmeerküste.

4.3. Unterzeichnung der Loyalitätserklärung für Hitler.

19.3. Übergabe des Treuegelöbnisses der Generalfeldmarschälle an Hitler.

4.–6.6. Kurzurlaub in Deutschland.

6.6. Beginn der alliierten Invasion.

17.6. Unterredung mit Hitler und Rundstedt in Margival bei Soissons.

29.6. Lagebesprechung bei Hitler auf dem Berghof.

15.7. Abfassung einer Lagebetrachtung für Hitler.

17.7. Schwere Verwundung (u.a. Schädelbasisbruch) durch Tieffliegerangriff zwischen Vimoutiers und Livarot südöstlich von Caen.

1.8. Auftritt bei einer internationalen Pressekonferenz in Paris.

8.8. Überführung nach Deutschland. Weiterbehandlung durch zwei Professoren der Tübinger Universitätsklinik.

14.10. Erzwungener Selbstmord durch Giftampulle.

18.10. Staatsakt in Ulm.

Erläuterungen zu den Quellen

Die »Fährte des Wüstenfuchses« zu verfolgen erwies sich als problematisch, denn die im Besitz der Familie befindlichen Dokumente und Briefe blieben dem Verfasser verschlossen. Große Teile des im Freiburger Bundesarchiv-Militärarchiv untergebrachten Nachlasses des Feldmarschalls sind bis Ende des Jahres 1991 für Benutzer gesperrt. Dem Verfasser blieben neben der umfangreichen Literatur dennoch wichtige Papiere aus anderen Archivbeständen. Erleichtert wurde das Zustandekommen dieses Büchleins durch die Vorarbeiten des britischen Rommel-Biographen David Irving, der mehrere tausend Aktenstücke über das Leben und Wirken des deutschen Feldmarschalls, die ihm teilweise von dessen Familie zur Verfügung gestellt worden waren, als Mikrofilm-Edition dem Interessierten zugänglich gemacht hat. Ihm gilt des Verfassers Dank. Gleicher sei den Beschäftigten des Bundesarchiv-Militärarchivs in Freiburg und sonstiger Einrichtungen gesagt sowie allen, die beim Beschaffen der Bilddokumente behilflich waren.

Hitlers General

Die militärische Laufbahn Rommels dokumentieren dessen Personalakten. Zum einen gibt es die Londoner Cabinet-Office-Akte, die den gesamten Zeitraum zwischen 1910 und 1944 abdeckt. Darüber hinaus existiert im Freiburger Bundesarchiv-Militärarchiv eine Personalakte des Reichswehrministeriums (Heeresleitung, Personalamt) für die Zeit von 1929 bis 1942. Beide sind erhältlich auf der von David Irving zusammengestellten Mikrofilm-Edition *Selected Documents on the Life und Campaigns of Field Marshal Erwin Rommel*, herausgegeben von EP Microform Limited, East Ardsley, Wakefield, West Yorkshire WF 3 2 JN, England, (weiterhin zitiert als: *Selected Documents/ Rolle...*). Darunter befinden sich ein handgeschriebener Lebenslauf Rommels über die Zeit vor 1910, Wehrpaß, Zeugnisse, Beurteilungen, Laufbahnbeschreibungen und vieles mehr. Ebenfalls dort befindet sich Rommels Gefechtsbericht über die Longarone-Schlacht (mit Skizzen) aus dem Jahr 1917 (*Selected Documents/1*). Wichtig für den Ersten Weltkrieg ist daneben Rommels eigenes, 1937 im Potsdamer Verlag Voggenreiter erschienenes Buch *Infanterie greift an*.

Hitler berichtet über sein Weltkriegserlebnis in: *Mein Kampf*, München 1925. In den zeitlichen Kontext stellt ihn Joachim C. Fests Biographie (*Hitler. Eine Biographie*, Frankfurt/Berlin 1973, Kapitel V: Erlösung durch den Krieg, S. 101 ff.), die die Stimmung der ausgehenden Kaiserzeit einfängt, so auch insbesondere den Schock des verlorenen Weltkrieges. Demgegenüber setzt Alan Bullocks *Hitler. Eine Studie über Tyrannei* (Kronberg 1977, Kapitel I: Die Jahre der Entwicklung, 1889 – 1918, S. 3 ff.) den Akzent stärker auf die Person Hitlers. Die Lehren aus dem verlorenen Weltkrieg mündeten in ein politisches Konzept. Vgl. dazu: Eberhard Jäckel, *Hitlers Weltanschauung. Entwurf einer Herrschaft*, Tübingen 1969. Hitlers sozialdarwinistisches Weltbild geht aus seiner Geheimrede vor dem »Militärischen Führernachwuchs« vom 30. Mai 1942, (abgedruckt in Henry Picker, *Hitlers Tischgespräche im Führerhauptquartier 1941 – 1942*, Stuttgart 1976, S. 491 ff.) hervor.

Hinweise auf Rommels Lehren aus dem Ersten Weltkrieg gab Rommels Sohn Manfred in seinem Interview mit David Irving vom 7. 6. 75 (*Selected Documents/3*). Negativ über die Rolle des Adels äußerte er sich gegenüber Vizeadmiral Ruge (vgl. dazu: Ruge-Tagebuch, vom 20. 12. 1943 bis 19. 10. 1944, *Selected Documents/2*). Auch die fast täglichen Briefe an seine Frau, die ausschnittweise in den von B. H. Liddell Hart herausgegebenen *Rommel Papers* (London 1953) und in David Irvings Rommel-Biographie (Hamburg 1978) abgedruckt sind, belegen diese Einstellung. Zu den modernen militärtechnischen Vorstellungen Rommels vergleiche auch die im Anhang von Desmond Youngs Rommel-Biographie (London 1950) abgedruckten Auszüge (*Die Regeln des Wüstenkrieges. Aus der Einleitung zu einer Darstellung des Krieges in Afrika, ebd.*, S. 263 ff.) sowie Rommels Nachbereitung des Afrikafeldzuges, die später unter dem Titel *Krieg ohne Haß* von Lucie-Maria Rommel in Zusammenarbeit mit Generalleutnant Fritz Bayerlein (Heidenheim 1955) veröffentlicht wurde.

Die Ausführungen über Rommels Verhältnis zum Nationalsozialismus beruhen – was den Kommando-Befehl (Weisung Nr. 46a vom 18. 11. 1942) betrifft – auf den Aussagen General Jodls (*Der Prozeß gegen die Hauptkriegsverbrecher vor dem Internationalen Militärgerichtshof*, Nürnberg, 14. November 1945 – 1. Oktober 1946, Nürnberg 1947 – 1949, Bd. XV, S. 448, weiterhin zitiert als: *IMT*, Bd. ...) und des Verteidigers von Generalstab und Oberkommando der Wehrmacht, Dr. Hans Laternser, (*IMT*, Bd. XXII, S. 92) in Nürnberg. Vgl. dazu auch: Wolf Heckmann, *Rommels Krieg in Afrika. »Wüstenfüchse« gegen »Wüstenratten«*, Bergisch-Gladbach 1976, und Siegfried Westphal, *Heer in Fesseln. Aus den Papieren des Stabschefs von Rommel, Kesselring und Rundstedt*, Bonn 1950. Grundsätzliches zu dieser Frage ist den Interviews Irvings mit Manfred Rommel aus den Jahren 1975/76 zu entnehmen. Letzterer äußert sich dort auch zur Einstellung seines Vaters zu SA, SS und der Wehrmacht.

Aus einer Vielzahl von Dokumenten zum Verhältnis Rommels und Hitlers seien hier nur einige erwähnt: Zum einen ist die chronologische Aneinanderreihung von Dokumenten in der Mikrofilm-Edition (Rolle 5 mit ca. 1 300 Seiten zu Rommels Laufbahn zwischen 1917 und 1941: Auszüge aus Kriegstagebüchern, Briefen, Akten des Oberkommandos der Wehrmacht und des Führerhauptquartiers und vielem mehr) aufschlußreich; ebenso wie drei weitere Rollen (Nr. 6, 7 und 8) mit ca. 2500 Seiten, die Rommels militärische Laufbahn betreffendes dokumentarisches Material verschiedener Art für die Zeit zwischen 1942 und Rommels Tod am 14. Oktober 1944 enthalten. Darüber hinaus manifestiert sich in Rommels Briefen an seine Frau seine Haltung gegenüber Hitler. Nicht unerwähnt soll in diesem Zusammenhang auch Hitlers Brief an Mussolini vom 5.2.1941 (*Akten zur deutschen auswärtigen Politik 1918 – 1945*. Aus dem Archiv des Auswärtigen Amtes., Serie D, Bd. XII, 1, Dok. 17) bleiben. Aufschlußreich sind außerdem die Briefe Schmundts an Rommel (*Selected Documents/ 1*). Die Episoden zum Verhältnis Hitlers und Rommels sind in den bereits erschienenen Rommel-Biographien Desmond Youngs (*Rommel. Der Wüstenfuchs*, London 1950) , Ronald Lewins (*Rommel*, Stuttgart 1969), Charles Douglas–Homes (*Rommel*, München 1974) und vor allem in David Irvings umfassender Untersuchung (*Rommel. Eine Biographie*, Hamburg 1978) vielfach belegt. Von der Goslar-Episode berichtet Herrmann Weule, ein Offiziersanwärter in Rommels Goslarer Jägerbataillon, in einem Brief an den Verfasser vom 16.10.1984. Mit Hilfe Manfred Rommels korrigierte David Irving die zeitliche Einordnung, die Desmond Young vorgenommen hatte, auf den September des Jahres 1934.

Die Entwicklung in der Reichswehr zeichnet der amerikanische Historiker Gordon A. Craig in seinem Buch *Die preußisch-deutsche Armee 1640 – 1945. Staat im Staate* (Düsseldorf 1980) nach. Für dieses Buch sind insbesondere die Kapitel X (Die »unpolitische Armee«: Seeckt und Gessler 1920 – 1928, S. 416 ff.) und XII (Hitler und die Armee 1933 – 1945, S. 506 ff.) relevant. Letzteres beschreibt die eintretenden gravierenden Veränderungen innerhalb der Reichswehr sowie die Differenzen zwischen Hitler und der Reichswehrführung. Zur zunehmenden Einbindung der Armee in Hitlers Staat siehe auch Klaus-Jürgen Müller, *Das Heer und Hitler. Armee und nationalsozialistisches Regime 1933–1940*, Stuttgart 1969, und Manfred Messerschmidt, *Die Wehrmacht im NS-Staat. Zeit der Indoktrination*, Hamburg 1969.

Zu den Gerüchten um Rommels Ernennung zum Ob.d.H.vgl. u.a.: Bericht des Marine-Verbindungsoffiziers beim OKH, Nr. 45/42, 6.42, BA-MA, PG 32087 d und das Rommel-Tagebuch vom 9.5. bis 6.9.1943 (*Selected Documents/11*).

Die Irritationen zwischen Rommel und Hitler gehen u.a. hervor aus Rommels Briefen an seine Frau; Manfred Rommel: »Rommel und der Führerbefehl«, in: *Die Oase* 8, Bochum 1958, Nr. 5, S. 6; B.H. Liddell Hart, *The Rommel Papers*, S. 321 ff.; Erwin Rommel, *Krieg ohne Haß*, S. 342; Führerbesprechung vom 28. November 1942, in: *Hitlers Lagebesprechungen. Die Protokollfragmente seiner militärischen Konferenzen 1942 – 1945*, hrsg. v. Helmut Heiber, Stuttgart 1962. Auch die Goebbels-Tagebücher (Josef Goebbels, *Tagebücher. Aus den Jahren 1942 – 43*, mit anderen Dokumenten hrsg. v. Louis P. Lochner, Zürich 1948) sind in diesem Zusammenhang zu nennen. Dies gilt insbesondere für die Zeit nach Rommels Rückkehr aus Afrika (März 1943) und seiner Ankunft im Führerhauptquartier im Mai 1943.

Vgl. zu Rommels Interventionen bei Hitler und seinen Überlegungen zu einer politischen Lösung im Westen: Jodls Aussage in Nürnberg (5.6.1946) zur Margival-Besprechung vom 17.6.44 (*IMT*, Bd. XV, S. 441), in der er Rommels Vorstoß ausdrücklich hervorhebt; Bericht über den Führervortrag am 17.6., 9.30 – 12.30 Uhr, von Major i.G. v. Ekesparre, Ib H. Gr. B, BA-MA, RH 19 IX/1); zur Lagebesprechung auf dem Berghof am 29.6. 1944 vgl. Heiber, *Lagebesprechungen*; Rommels Stellungnahme vom 3. Juli 1944 zu der geglückten alliierten Invasion und seine »Betrachtungen« vom 15. Juli 1944 (*Selected Documents/1*), vgl. dazu auch: Strölin-Aussage in Nürnberg vom 25. März 1946 (*IMT*, Bd. X, S. 68) sowie den Schmundt-Brief an Rommel vom 9.7.1944 (*Selected Documents/1*); Ruge-Tagebuch; Irving-Interview mit Lattmann vom 15. Juni 1975 (*Selected Documents/3*); Kriegstagebuch der Heeresgruppe B (1.6. – 15.7. 44, *Selected Documents/2*).

Der Unfallhergang am 17. Juli 1944 ist beschrieben in dem »Bericht über die Verwundung des OB der Heeresgruppe B« im Bundesarchiv-Militärarchiv Freiburg (BA-MA, RH 19 IX/1).

Rommels Reaktion auf das Hitler-Attentat ergibt sich u.a. aus dem Brief an seine Frau vom 24.7.1944 (*Selected Documents/1*), seinen Äußerungen gegenüber Vizeadmiral Ruge, die dieser in seinem Tagebuch festhielt, sowie der Befragung Manfred Rommels durch D. Irving vom 5.12.1976.

Ein Beleg für Hitlers Absicht, eine neue Verwendung für Rommel zu finden, ist u.a. die Keitel-Vernehmung durch Oberst John C. Amen am 28.9.1945 in Nürnberg (*Selected Documents/4*).

Der Heerführer

Zu den strategischen Vorstellungen Rommels und den daraus resultierenden Mißverständnissen vgl. insbesondere die Studie des Verfassers *Entscheidung im Mittelmeer. Die südliche Peripherie Europas in der deutschen Strategie des Zweiten Weltkrieges 1940 – 1942*, Koblenz 1985, die auf einer Vielzahl von Aktenstücken aus dem Bundesarchiv-Militärarchiv/Freiburg basiert. Das Quellenmaterial enthält u.a. Kriegstagebücher, Besprechungen im Führerhauptquartier, Chefsachen, Schlachtberichte, Planstudien, Tagesmeldungen, Vortragsnotizen, Feindbeurteilungen, Einzelbefehle zum »Unternehmen Sonnenblume« aus den Akten des Oberkommandos der Wehrmacht/Wehrmachtführungsstab (OKW/WFSt, RW 4), des Generalstabes des Heeres (RH 2) sowie aus den Papieren des Deutschen Afrika-Korps und der Panzergruppe bzw. Panzerarmee Afrika.

Zum »Programm« Hitlers siehe Andreas Hillgrubers grundlegendes Werk *Hitlers Strategie. Politik und Kriegführung 1940 – 41* (2. Aufl., München 1982). Vgl. dazu auch die beiden Aufsätze desselben Verfassers: »England in Hitlers außenpolitischer Konzeption« sowie »Die ›Endlösung‹ und das deutsche Ostimperium als Kernstück des rassenideologischen Programms des Nationalsozialismus«, in: *Deutsche Großmacht- und Weltpolitik im 19. und 20. Jahrhundert*, Düsseldorf 1977, S. 180ff. und S. 252ff.

Das Primat des Operativen gegenüber der Nachschubführung innerhalb der Wehrmacht beschreibt ausführlich Klaus A. Friedrich Schüler, *Logistik im Rußlandfeldzug. Die Rolle der Eisenbahn bei Planung, Vorbereitung und Durchführung des deutschen Angriffs auf die Sowjetunion bis zur Krise vor Moskau im Winter 1941/42*, Frankfurt/Bern/New York 1987, S. 37 ff.

Zur Operationsführung in Nordafrika sind die Akten des Deutschen Afrika-Korps (RH 24/200) und der Heeresgruppe Afrika (RH 19 VIII) im Bundesarchiv-Militärarchiv in Freiburg heranzuziehen.

Über die Probleme bei der Nachschubzuführung geben zahlreiche Aktenstücke der Heeresgruppe Afrika (RH 19 VIII) sowie die Akten der Seekriegsleitung (RM 7/18 – 37; RM 7/222 – 945) im Bundesarchiv–Militärarchiv/Freiburg Aufschluß.

Rommels eigene Sicht der Kriegführung in Afrika und seines Einsatzes an der Invasionsfront hat er selbst in den Monaten vor seinem Tod aufgezeichnet. Unter dem Titel *Krieg ohne Haß* wurden diese Aufzeichnungen, annotiert von Fritz Bayerlein, Rommels ehemaligem I a, von Lucie-Maria Rommel nach dem Krieg herausgegeben (Heidenheim 1955). Vgl. dazu auch Liddell Harts *Rommel-Papers.* Kritisch Stellung dazu nimmt: Johannes Streich Aufzeichnungen »Erinnerungen an Afrika« (*Selected Documents/3*).

Die Phase der Vorbereitung auf die Invasion ist quellenmäßig gut belegt in den Tagesberichten des Oberbefehlshabers der Heeresgruppe B (21.11.43–4.8.44). Sie befinden sich im Rommel-Nachlaß des Bundesarchiv-Militärarchivs/Freiburg unter der Signatur BA-MA, N 117/22.

Zur Kriegführung am Atlantikwall sowie insbesondere zur Kontroverse zwischen Guderian und Rommel vgl. auch den Aufsatz von Leo Geyr von Schweppenburg, »Vor 20 Jahren begann die Invasion. Die Hintergründe der Normandie-Schlacht«, in: *Rundschau am Sonntag* vom 7.6.1964, Nr. 129a, weiterhin auch Friedrich Ruge, *Rommel und die Invasion*, 1959. Wichtig sind auch die Rommelschen Lagebeurteilungen vom 16.3.1944, vom 23.4.1944 (an Jodl) und vom 23.4.1944 (an Schmundt), sowie die Antworten Jodls (7.5.1944) und Schmundts (8.5.1944; *Selected Documents/1*).

Taktische Bravourstücke sind *Infanterie greift an* entnommen, aber ebenfalls in den gängigen Rommel-Biographien zu finden. Aussagen über Rommels Wirkung als Ausbilder in Kriegsschulen finden sich u.a. in Nicolaus von Belows Erinnerungen (*Als Hitlers Adjutant 1937 – 45*, Mainz 1980) und bei Anton Ehrnsperger (*Selected Documents/3*).

Rommels Verhältnis zum italienischen Bundesgenossen ist nachzulesen bei: Giorgio Memmo, Fu Rommel amigo degli Italiani?, in: *Rivista Militare* 8, Roma 1952, S. 534 ff. Siehe dazu auch: Galeazzo Ciano, *Tagebücher 1939 – 1943*, Bern 1947; ferner Albert Kesselring, »Der Krieg im Mittelmeerraum«, in: *Bilanz des Zweiten Weltkrieges. Erkenntnisse und Verpflichtungen für die Zukunft*, Oldenburg/Hamburg 1953, S. 65 ff., sowie in einer ebenfalls von Kesselring verfaßten Studie des Militärgeschichtlichen Forschungsamts (MGFA)/Freiburg: *Final Commentaries on the Campaign in North Africa 1941 – 43*, 1950/51 (MS/C-075).

Das Armbruster-Tagebuch (*Selected Documents/1*) sowie D. Irvings Interview mit ihm vom 2.6.1976 (*Selected Documents/3*) sind – neben vielen Berichten und Büchern von Mitgliedern des Afrika-Korps – aufschlußreich für Rommels Verhältnis zu den einfachen Soldaten.

Die Propagandaschöpfung

Vor allem basiert dieses Kapitel auf einer großen Anzahl von Artikeln aus in- und ausländischen Zeitungen (u.a.: *Völkischer Beobachter*, dessen Wiener Ausgabe, *Münchener Neueste Nachrichten, Westfälische Tageszeitung, Chemnitzer Tageszeitung, Kolmarer Kurier, The Times, Observer*) und Zeitschriften (*Das Reich, Illustrierter Beobachter, Schweizer Illustrierte Zeitung*, sowie einer Reihe von Militärzeitschriften (u.a.: *Der Gebirgler, Adler im Süden, Marine Frontzeitung »…gegen England«*) aus den Jahren 1940 bis 1942, die im Bundesarchiv-Militärarchiv in Freiburg im Nachlaß Rommel (NL 117/13 – 15) niedergelegt sind. Dazu gehören u.a. Theodor Werners Beitrag »Der General« aus der *Schwäbischen Zeitung* vom 5. April 1941; Erwin Mühlenstedts »Es gibt nur einen Rommel…«, in: *Der Gebirgler*, Nr. 3, Mai/Juni 1940; Curt Weithas, »Das Sedan von St. Valéry. Die ›Rommel-Bahn‹ der schwarzen Teufel-Panzertruppen erobert neues Küstengelände am Kanal« (Abschrift) von Mitte Juni 1940.

Hinzugezogen wurden darüber hinaus Videoaufzeichnungen der vom Deutschen Fernsehen in den vergangenen Jahren wiederholten Wochenschauen. Afrika betreffende atmosphärische Klischees waren am besten dem Buch des bekannten Kriegsberichterstatters Hanns Gert Freiherr von Esebeck, *Afrikanische Schicksalsjahre. Geschichte des Deutschen Afrika-Korps unter Rommel*, Wiesbaden 1950, seiner Abhandlung »Afrikakrieg« (18.10.41 – 18.2.42, BA-MA, N 117/19), seinem Essay »Der Marschall« (17.7.1944, BA–MA, N 105/ 1) sowie seinen Berichten (z.B.: »Damals vor Tobruk… Ein Gespräch in der Wüste«) zu entnehmen. In Bildform sind solche Klischees in einem von einer Luftwaffen-Kriegsberichter-Kompanie verfaßten Farbbilderwerk vom Deutschen Afrika-Korps *Balkenkreuz über Wüstensand* (Oldenburg 1943) in großer Zahl enthalten.

Ein realistischeres, kritisches Bild entwirft Harald Kuhn in seinem dem Verfasser zur Verfügung gestellten Bericht, »Viel Steine gab's und wenig Brot!«, in dem der Oberleutnant und Kompanie-Chef im ehemaligen Panzerregiment 5 die Ereignisse in der Wüste Libyens im Frühjahr und Sommer 1941 aus der Sicht des Soldaten schildert.

Die Stimmungsberichte über die Lage im Deutschen Reich sind der Edition *Meldungen aus dem Reich. Die geheimen Lageberichte des Sicherheitsdienstes der SS 1938 – 1945*, hrsg. v. Heinz Boberach, Herrsching 1984 (17 Bde.) entnommen.

Einen wahren Fundus zur Propaganda um Rommel stellen die Goebbels Tagebücher (NL 118) im Koblenzer Bundesarchiv dar, die teilweise vom ehemaligen Leiter des Berliner Büros von Associated Press, Louis P. Lochner, zusammen mit anderen Dokumenten veröffentlicht wurden (Zürich 1948). Im Freiburger Bundesarchiv-Militärarchiv befinden sich Manuskripte von Rommel und Afrika gewidmeten Rundfunksendungen (z.B. »Unser Heer« vom 3.5.1940, »Ritterkreuz und Pour le mérite«), die zum Teil der leitende Mitarbeiter im Propagandaministerium Alfred-Ingemar Berndt verfaßte, so z.B. den 35 Seiten umfassenden Text der Sendung »27 Monate Kampf in Afrika« vom 22. Mai 1943 (BA-MA, N 117/20). Auch die Rommel gewidmeten Liedtexte einer Propagandasendung im Sender »Belgrad« vom März 1942 (BA-MA, N 117/17) sind dort einzusehen.

Armbruster berichtet in seinem Tagebuch über den eifrigen Einsatz der Propagandakompanien in Afrika (*Selected Documents / 1*). Auch das Tagebuch von Generaloberst Hans Salmuth (*Selected Documents / 4*) gibt Hinweise auf Rommels Gier nach Publicity.

Rommels Haltung gegenüber der Propaganda ist aus den fast täglichen Briefen an seine Frau zu ersehen. Die Mitwirkung der Partei bei der Vergabe von Auszeichnungen an Rommel ist festgehalten in Johannes Streichs unveröffentlichten Aufzeichnungen *Erinnerungen an Afrika*. Vom Briefwechsel um den gefälschten Rommel-Lebenslauf in der Wochenzeitung *Das Reich* berichtet Desmond Young in seiner Rommel-Biographie.

Henry Pickers »Tischgespräche« (*Hitlers Tischgespräche im Führerhauptquartier 1941 – 1942*, neu hrsg. von Percy Ernst Schramm in Zusammenarbeit mit Andreas Hillgruber und Martin Vogt, Stuttgart 1963) geben viele Aussagen Hitlers und Goebbels' über Rommel im Sommer 1942 wieder. Bei Picker finden sich auch zahlreiche grundlegende Anmerkungen, sei es zu den Propaganda-Kompanien, den Wochenschau–Kommentaren oder zu Hitlers Mitwirkung bei der Formulierung der Tagesparolen des Reichspressechefs. Dessen Memoiren (Otto Dietrich, *Zwölf Jahre mit Hitler*, Köln 1955) bieten mit dem Werk von Josef Wulf, *Presse und Funk im Dritten Reich* (Gütersloh 1964) Basis-Informationen. Auch der Bildband von Janusz Piekalkiewicz, *Der Wüstenkrieg in Afrika 1940 – 1943* (München 1985) bezieht die Verlautbarungen der deutschen Presse ausführlich mit ein. Dort sind auch zahlreiche faksimilierte britische Zeitungsausschnitte (hauptsächlich Schlagzeilen bzw. Aufmacher) und Karikaturen abgedruckt, die die britischen Reaktionen widerspiegeln.

Winston Churchills Erinnerungen, *Der Zweite Weltkrieg* (Band III: Die große Allianz, und Band IV: Schicksalswende, Bern / München 1953), Chalfonts Montgomery-Biographie (Alun Chalfont, *Montgomery. Rommels Gegenspieler*, Wiesbaden / München 1979), Alan Moorheads, *The March to Tunis* (New York 1943) und Claude Auchinlecks Aufruf an seine Armee, der sich oft, aber nie vollständig abgedruckt findet (vgl. dazu: Wolf Heckmann, *Rommels Krieg in Afrika. »Wüstenfüchse« gegen »Wüstenratten«*, Bergisch-Gladbach 1976), geben Aufschlüsse über die britische Einstellung gegenüber Rommel.

Im Dokumenten-Anhang des Buches des Verfassers (*Entscheidung im Mittelmeer*, S. 250) befindet sich eine vollständige Abschrift des Hitler-Briefes an Mussolini vom 22. Juni 1942.

Das Opfer

Rommels Verhalten im Widerstand gegen Hitler ist der Gegenstand einer jahrzehntelangen Kontroverse der Historiker. Hier die wichtigsten Positionen: Zum inneren Kreis des aktiven Widerstands wurde er vor allem von Hans Speidel, seinem Stabschef in Frankreich 1944 (*Invasion 1944. Ein Beitrag zu Rommels und des Reiches Schicksal,* Stuttgart 1949), von Helmut Krausnick (»Erwin Rommel und der deutsche Widerstand gegen Hitler«, in: *Vierteljahreshefte für Zeitgeschichte,* 1. Jg./1953, S. 358 ff.) und Wilhelm Ritter von Schramm (*Aufstand der Generale. Der 20. Juli in Paris,* 2. Aufl. München 1964) gestellt. Dieter Ose kommt in seinem Beitrag »Erwin Rommel« (in: *20. Juli. Portraits des Widerstands,* hrsg. v. Rudolf Lill und Heinrich Oberreuter, Düsseldorf/Wien 1984, S. 267) zu dem Schluß, Rommel sei »in einer Art ›Grauzone‹ anzusiedeln«. Während sich Ger van Roon (*Widerstand im Dritten Reich,* 2. Aufl. München 1981, S. 185) zurückhaltender äußert, behauptet David Irving (*Rommel. Eine Biographie,* Hamburg 1978, S. 451 f., S. 548 ff., S. 618 ff.) dagegen, daß Rommel mit dem Widerstand überhaupt nichts zu tun hatte.

Eine Zusammenfassung der Forschungsergebnisse über den Widerstand nach vierzig Jahren bietet der Band *Der Widerstand gegen den Nationalsozialismus. Die deutsche Gesellschaft und der Widerstand gegen Hitler,* hrsg. v. Jürgen Schmädeke und Peter Steinbach, München 1985.

Rommels problematisches Verhältnis zu den Mitgliedern des Generalstabes geht u.a. hervor aus dem Halder-Tagebuch (Franz Halder, *Kriegstagebuch. Tägliche Aufzeichnungen des Chefs des Generalstabes des Heeres 1939 – 1942,* Bd. II: Von der geplanten Landung in England bis zum Beginn des Ostfeldzuges [1.7. 1940 – 21.6. 1941], bearbeitet von Hans-Adolf Jacobsen, Stuttgart 1963; Bd. III: Der Rußlandfeldzug bis zum Marsch auf Stalingrad [22.6. 1941 – 24.9. 1942], bearbeitet von Hans-Adolf Jacobsen, Stuttgart 1964), dem Ruge-Tagebuch, dem Briefwechsel zwischen von Brauchitsch (9.7. 1941) und Rommel (22.7. 1941, in *Selected Documents/1*), den Befragungen Manfred Rommels und Lattmanns durch D. Irving (*Selected Documents/3*). Das Verhältnis zwischen Rommel und Kesselring beleuchtet ein Brief des ehemaligen Botschafters in Salo/Italien, Rahn, vom 6.3. 1972 (BA-MA, N 117/24).

Die vierzehn Dokumente höchster Geheimhaltungsstufe, die Rommel für den Fall bereit hielt, sich für die verlorene Invasionsschlacht rechtfertigen zu müssen, sind gesammelt in den *Selected Documents (Rolle 1)* einzusehen.

Die Frage, wie Rommel belastet wird, beantworten als zentrale Dokumente die eidesstattlichen Erklärungen der Teilnehmer am Verfahren des Ehrenhofes gegen Speidel (4. 10. 1944), Kirchheim und Guderian, vom 16.9.47 (*Selected Documents/4*); wichtig sind daneben auch Keitels Aussage vom 28.9. 1945 im Vorfeld des Nürnberger Prozesses (*ebd.*), aus der Hofackers Darstellung über seinen Besuch in La Roche Guyon am 9. Juli 1944 hervorgeht, und Hitlers Absicht, eine neue Verwendung für Rommel zu finden, sowie die Aussage von Dr. Georg Kiessel in Nürnberg vom 6.8. 1946 (*Selected Documents/4*). Gegen die Hofacker-Aussage über sein Gespräch mit Rommel in La Roche Guyon wendet sich Dr. Max Horst, der einzige Zeuge, in seinem Gespräch mit D. Irving vom 7.11.1975 (*Selected Documents/3*). Vgl. zu diesem Themenkomplex auch die Befragung der Kirchheim-Witwe durch D. Irving vom 6.11.1975 (*Selected Documents/3*).

Die Ereignisse des 14. Oktober 1944 sind protokolliert im »Bericht über den Tod des GFM Erwin Rommel dargestellt von Frau Lucie-Maria Rommel« vom 9. September 1945 (*Selected Documents/4*) und bei Anton Ehrnsperger, dem Offizier, der Burgdorf und Maisel begleitete (*Selected Documents/3*). Über die Beschattung Rommels äußert sich der Hausdiener Loistl in seinem Gespräch mit D. Irving vom 4.6.1976 (*Selected Documents/3*). Zur Rolle Rundstedts, dem OB West und Rommels Vorgesetztem in Frankreich 1944, siehe die biographische Skizze des Kölner Historikers Andreas Hillgruber in seinem Buch *Deutsche Großmacht- und Weltpolitik im 19. und 20. Jahrhundert* (Düsseldorf 1977, S. 316ff.).

Zu den letzten Tagen Rommels vgl.: Manfred Rommels Riedlinger Erklärung vom 27.4.1945, abgedruckt in: *Südkurier* vom 8.9.1945, S. 2; die Befragung Manfred Rommels durch D. Irving am 5.12.1976. Nicolaus von Below (*Als Hitlers Adjutant 1937 – 45*) äußert sich über Gerüchte im Umfeld Hitlers nach Rommels Tod, vgl. dazu auch Berndts Auffassung über Rommels Tod, wiedergegeben in der Befragung Manfred Rommels durch D. Irving vom 7.6.1975.

Der Mythos

Die Erklärung Rommels vom 27. April 1945, die in der ersten Nachkriegsausgabe des *Südkurier* vom 8. September 1945 (S. 2) abgedruckt worden war, entstammt einer Faksimile-Beilage dieser Ausgabe anläßlich des vierzigjährigen Bestehens des Blattes. Der Behauptung, Rommel habe dem Widerstand gegen Hitler angehört, trat Lucie Rommel mit zwei Erklärungen – vom 20.7.1945 (*Selected Documents/4*) und vom 9. September 1945 (Nachlaß Hesse, BA-MA, N 558/77) – entgegen.

Zur Rolle Speidels für den Mythos Rommel vgl. die eidesstattliche Erklärung Leo Freiherr Geyr von Schweppenburgs vom 27.4.1960 (*Selected Documents/3*) sowie Dr. Hans Speidels Buch *Invasion 1944*.

Für die Nachkriegsaktivitäten der ehemaligen Soldaten des Deutschen Afrika-Korps ist die seit 1950 monatlich und seit jüngerer Zeit zweimonatlich erscheinende *Oase*, das Blatt der ehemaligen Soldaten des Deutschen Afrika-Korps, eine aufschlußreiche Quelle. Hinzugezogen wurden außerdem Berichte aus verschiedenen Tageszeitungen.

Auswahlbibliographie

Werke von Erwin Rommel

Rommel, Erwin, *Infanterie greift an*, 11. Aufl., Potsdam 1941.
Rommel, Erwin, *Krieg ohne Haß*, hrsg. von Lucie-Maria Rommel und General-leutnant Fritz Bayerlein, Heidenheim 1955.
The Rommel Papers, hrsg. v. Basil Henry Liddell Hart in Zusammenarbeit mit Lucie-Maria Rommel, Manfred Rommel und Fritz Bayerlein, London 1953.

Biographien, biographische Aufsätze und sonstige Darstellungen

Ansel, Walter, *Hitler and the Middle Sea*, Durham / North Carolina 1972.
Bayerlein, Fritz, »Rommel. Eine Würdigung seiner Persönlichkeit«, in: *Schicksal Nordafrika*, hrsg. vom Verband ehemaliger Angehöriger Deutsches Afrika-Korps e.V. in Verbindung mit dem Rommel-Sozialwerk, Döffingen 1954.
Behrendt, Hans-Otto, *Rommels Kenntnis vom Feind im Afrikafeldzug. Ein Bericht über die Feindnachrichtenarbeit, insbesondere die Funkaufklärung*, Freiburg i. Brsg. 1980.
Broszat, Martin, »Soziale Motivation und Führer-Bindung des Nationalsozialis-mus«, in: *Vierteljahreshefte für Zeitgeschichte* 18 / 1970, S. 393ff.
Carell, Paul, *Die Wüstenfüchse. Rommel in Afrika*, Hamburg 1958.
Cordier, Sherwood S., »Erwin Rommel. A Study in Command«, in: *Armor* 69, Washington 1960, Nr. 5, S. 15ff.
Douglas-Home, Charles, *Rommel*, München 1974.
Esebeck, Hanns Gert Freiherr von, *Afrikanische Schicksalsjahre. Geschichte des Deut-schen Afrika-Korps unter Rommel*, Wiesbaden 1961.
Fourie, Deon, »Rommel – one of the great captains of history«, in: *Kommando* 14, 1963, Nr. 9, S. 18ff.
Gause, Alfred, »Der Feldzug in Nordafrika im Jahre 1942«, in: *Wehrwissenschaftli-che Rundschau* 12 / 1962, S. 654ff.
Geyr von Schweppenburg, Leo Freiherr, »Some more facts about Rommel«, in: *Kommando* 15, 1964, Nr. 1, S. 17ff.
Guderian, Heinz, *Erinnerungen eines Soldaten*, 4. Aufl., Neckargemünd 1960.

Heckmann, Wolf, *Rommels Krieg in Afrika. »Wüstenfüchse« gegen »Wüstenratten«*, Bergisch-Gladbach 1976

Hesse, Kurt, »Rommel und der Geist von Potsdam«, in: *Die Oase* 18, Bochum 1968, Nr. 3, S. 3 f.

Heusinger, Adolf, *Befehl im Widerstreit. Schicksalsstunden der deutschen Armee 1923 – 1945*, Tübingen/Stuttgart 1950.

Hildebrand, Klaus, *Vom Reich zum Weltreich. Hitler, NSDAP und koloniale Frage 1919 – 1945*, München 1969.

Hillgruber, Andreas, »England in Hitlers außenpolitischer Konzeption«, in: ders.: *Deutsche Großmacht- und Weltpolitik im 19. und 20. Jahrhundert*, Düsseldorf 1977, S. 180 ff.

Irving, David, *Rommel. Eine Biographie*, Hamburg 1978.

Jäckel, Eberhard, *Hitlers Weltanschauung. Entwurf einer Herrschaft*, Tübingen 1969.

Kesselring, Albert, *Soldat bis zum letzten Tag*, Bonn 1953.

Koch, Lutz, *Erwin Rommel. Die Wandlung eines großen Soldaten*, Stuttgart 1950.

Lewin, Ronald, *Rommel*, Stuttgart 1969.

Maurès, Didier, *Erwin Rommel*, Paris 1968.

Montgomery, Bernard Law, »A Worthy foe«, in: *Life Atlantic* 45, September 2, Paris 1968, Nr. 5, S. 48 ff.

Piekalkiewicz, Janusz, *Der Wüstenkrieg in Afrika 1940 – 43*, München 1985.

Reuth, Ralf Georg, *Entscheidung im Mittelmeer. Die südliche Peripherie Europas in der deutschen Strategie des Zweiten Weltkrieges 1940 – 42*, Koblenz 1985.

Rommel, Manfred, »Rommel und der Führerbefehl«, in: *Die Oase* 8, Bochum 1958, Nr. 5, S. 6.

Saurel, Louis, *Rommel*, Paris 1967.

Schmidt, Heinz Werner, *Mit Rommel in Afrika*, München 1951.

Schreiber, Gerhard, »Der Mittelmeerraum in Hitlers Strategie 1940. ›Programm‹ und militärische Planung«, in: *Militärgeschichtliche Mitteilungen* 2/1980, S. 69 ff.

Speidel, Hans, *Invasion 1944. Ein Beitrag zu Rommels und des Reiches Schicksal*, Stuttgart 1949.

Warlimont, Walter, »Die Entscheidung im Mittelmeer 1942«, in: *Entscheidungsschlachten des Zweiten Weltkrieges*, hrsg. v. Hans-Adolf Jacobsen und Jürgen Rohwer, Frankfurt/Main 1960 S. 233 ff.

Weichold, Eberhard, »Die deutsche Führung und das Mittelmeer unter dem Blickwinkel der Seestrategie«, in: *Wehrwissenschaftliche Rundschau* 9/1959, Heft 3, S. 164 ff.

Westphal, Siegfried, *Erinnerungen*, Frankfurt/Main 1975.

ders., *Heer in Fesseln. Aus den Papieren des Stabschefs von Rommel, Kesselring und Rundstedt*, Bonn 1950.

Young, Desmond, *Rommel. Der Wüstenfuchs*, London 1950.

Personenregister

Bildnachweis:

Ullstein Bilderdienst (S. 29, 39, 95, 107); Bilderdienst Süddeutscher Verlag (S. 13, 121, 133); Bildarchiv Frankfurter Allgemeine (S. 67); Universitätsbibliothek Hamburg (S. 101); Stadtarchiv Goslar (S. 23); Bundesarchiv Koblenz (S. 61); Autor (S. 81).

Martin Broszat/Elke Fröhlich

Alltag und Widerstand –
Bayern im Nationalsozialismus

1987. 702 Seiten. Serie Piper 678

Nach fast zehnjähriger Forschungsarbeit hat das Institut für Zeitgeschichte 1983 die vielbeachtete sechsbändige Reihe »Bayern in der NS-Zeit« abgeschlossen. Diese Taschenbuchausgabe legt zwei besonders eindringliche Teile daraus vor: die epische Chronik der Auswirkungen der NS-Zeit in einer fränkischen Armutsregion (Ebermannstadt bei Forchheim) und die von Elke Fröhlich fesselnd erzählten zehn Geschichten über Widerstand und Verfolgung. Mit einer großen, neu geschriebenen Einleitung gibt Broszat einen Überblick über die Problematik der »Gesellschaftsgeschichte des Widerstands«. Für den zeitgeschichtlich interessierten Laien und für den Geschichtsunterricht besonders geeignet.

Karl Jaspers

Die Schuldfrage

Zur politischen Haftung Deutschlands. 1987. 89 Seiten. Serie Piper 698

Karl Jaspers' berühmte Schrift »Die Schuldfrage« ist ein Beispiel dafür, wie philosophisches Denken in komplexen politischen Situationen Orientierungshilfe werden und zugleich aktuelle und die Aktualität überdauernde Bedeutung haben kann. Die anhaltende Diskussion um die jüngste Vergangenheit macht eine erneute Beschäftigung mit »Die Schuldfrage« sinnvoll und notwendig.

Jaspers schreibt in seinem Nachwort von 1962: »Die Schrift wurde 1945 entworfen. Man muß bei der Lektüre sich jener Zeit erinnern, in der sie geschrieben wurde. Der Hagel der Schuldigerklärungen ging täglich auf uns Deutsche nieder.«

1945/46 war noch die Hoffnung lebendig, daß der Nürnberger Prozeß ein neues Weltrecht begründen würde. Diese Hoffnung wurde durch den Prozeßverlauf enttäuscht. Trotzdem plädierte Jaspers noch 1962 für das Festhalten an der Idee eines »Weltzustandes mit einem Weltrecht«.

Der Widerstand gegen den Nationalsozialismus

Die deutsche Gesellschaft und der Widerstand gegen Hitler.
Vorwort von Peter Treue. Hrsg. von Jürgen Schmädeke und Peter Steinbach.
1986. 1185 Seiten. Serie Piper 685

»Diese Beiträge markieren den gegenwärtigen Stand der Forschung und werden wohl für lange Zeit die vorderste Linie dieser Forschung kennzeichnen. In der Darstellung des Umfanges des Widerstandes, der Motivationen und der Gruppierungen, in der Erfassung der verschiedenen Formen und Absichten und in der Würdigung der Beteiligten dürfte mit dieser Publikation ein Standard erreicht sein, der den historischen Gegebenheiten gerecht wird und nicht mehr einseitig vordergründigen politischen Zwecken dienstbar gemacht werden kann.«   DER TAGESSPIEGEL

PIPER